非洲的生活哲学
Nihilism and Negritude

Ways of Living in Africa

〔喀麦隆〕塞勒斯汀·孟加（Célestin Monga）/ 著
李安山 等/译

北京大学出版社
PEKING UNIVERSITY PRESS

著作权合同登记号　图字:01－2015－7865

图书在版编目(CIP)数据

非洲的生活哲学/(喀麦隆)孟加(Monga,C.)著;李安山等译.—北京:北京大学出版社,2016.1
ISBN 978－7－301－26519－2

Ⅰ.①非…　Ⅱ.①孟…　②李…　Ⅲ.①非洲—概况　Ⅳ.①K94

中国版本图书馆 CIP 数据核字(2015)第 269015 号

Célestin Monga
Nihilisme et Négritude
ISBN:978－2－130－57366－1
ⓒ Presses Universitaires de France,2009

书　　　名	非洲的生活哲学
	Feizhou de Shenghuo Zhexue
著作责任者	〔喀麦隆〕塞勒斯汀·孟加　著　李安山等　译
责任编辑	郝小楠
标准书号	ISBN 978－7－301－26519－2
出版发行	北京大学出版社
地　　　址	北京市海淀区成府路 205 号　100871
网　　　址	http://www.pup.cn
电子信箱	em@pup.cn　　QQ:552063295
新浪微博	@北京大学出版社　@北京大学出版社经管图书
电　　　话	邮购部 62752015　发行部 62750672　编辑部 62752926
印刷者	三河市北燕印装有限公司
经销者	新华书店
	965 毫米×1300 毫米　16 开本　15 印张　124 千字
	2016 年 1 月第 1 版　2019 年 9 月第 2 次印刷
印　　　数	4001—7000 册
定　　　价	39.00 元

未经许可,不得以任何方式复制或抄袭本书之部分或全部内容。
版权所有,侵权必究
举报电话:010－62752024　电子信箱:fd@pup.pku.edu.cn
图书如有印装质量问题,请与出版部联系,电话:010－62756370

致大师们：

  法比安·艾伯斯·布拉嗳

  尤金·艾库姆

  让-马克·艾拉

  安布洛伊斯·科姆

  献给马埃莉斯和克夫伦，指南针和守护天使

译 者 序

本书的作者是喀麦隆人、联合国工业发展组织总干事塞勒斯汀·孟加先生。他曾任职世界银行高级职员,与林毅夫教授共事多年。当毅夫教授委托北京大学出版社与我联系翻译事宜时,已是8月。毅夫教授与我们中心关系密切,并在两年前欣然同意担任《中国非洲研究评论》学术委员会的成员。我想,尽管出版社要求两个月之内完成译稿,时间紧,任务重,也必须答应。

本书的翻译是由四个人完成的,我主要负责导言和结语,并对全文进行了校对。原书的书名是《虚无主义与黑人性》(*Nihilisme et Négritude*)。通过阅读,我进一步感觉到非洲文化的博大精深。我学习非洲历史知识已有36年,读过不少关于非洲的书,包括非洲民族主义先驱爱德华·布莱顿的历史文章,老一辈政治家如尼日利亚总统阿齐克韦、加纳总统恩克鲁玛和塞内加尔总统桑戈尔等的政论著作,还有大量非洲历史学家如戴克、阿贾伊、芬、博亨的重要著述以及伊巴丹学派和达累斯萨拉姆学派的代表论著。然而,孟加先生的这本书给了我新的知识,使我对非洲、非洲人和非洲文化有了新的理解。感受最深的是作者对非洲的热爱。

首先,孟加先生对非洲和他所属的国家有一种炽热的爱。尽管他在西方受教育多年并生活多年,但他始终认为自己是非洲公民,是喀麦隆人。"一旦当我踏上喀麦隆的土地,就没有什么可以取代那种流淌在我血液里的欢悦。自发的陶醉,记忆中那些地方的魅力,难以言表的颤抖,难以解说的灵魂之乐,难以觉察的救赎和永恒之感。"为什么?因为这里是故乡。这里有他熟悉的一切,而这些是在他生活的西方都市中不存在的。这里特有的寂静和安详,嘈杂与喧嚣,混乱与平实,一切都在生活的安排之中。他可以恨它,骂它,责备它,甚至羞辱它,诅咒它,但他爱的仍是它——这块生他养他的土地。在与我的电邮交流中,孟加先生表示:"我在法国待了10年,在美国生活了20多年。然而,我在喀麦隆以外的时间待得愈久,我就变得愈喀麦隆化。""我看重我从法国或美国学到的东西,但我更看重我从我国的教育制度和其他非西方文化中所学到的东西。"这种情感在他对非洲文化中的共同价值观(当然,他否认非洲是一个同质体)、非洲人对生与死的感受和体验、喀麦隆人民的生活场景以及他的家族在葬礼中的各种礼仪和反应的描述中表现得淋漓尽致。

对家族的爱是这部著作中的另一个主题。这种爱不仅体现在对整个家庭的牵挂,更蕴藏在对父亲的怀念之中。"他们越试图安慰我,我就越意识到我的父亲是我自己及本身的一部分。他的意外离世突然使我感觉到他的身体就是我自己身体的延伸。他身上沉重的家族和社会责任使他艰辛的生活比我的更加正当。这位不可或缺的人物的离世对我而言突然变成了一种必要的哲学经历:从某种方式来说,它也意味着我的死亡,因为它抹去了潜意识里在我与虚无之间的生物障碍。它使他人的死亡少了一些个人色彩。"他一方面从自己父亲的去世中看到了人存在的价值和意义,同时他也不时感到父亲的存在。"有时在紧张的记忆中,我认为我再次听到了他的声音,他那嘲弄的笑声以及他有关生活的教训,我倾向于认为他的精神显然在他身体消亡后仍然存在,正是从那里他以一种大彻大悟的神态看着我。"父亲的死也因此使他意识到生与死的区别与联系,他还意识到非洲哲学中有关永恒和整体性的辩证法。

他的写作素材是一些日常生活的琐事,他的写作方式也是一种平铺直叙的白描与对人生的深沉思考相结合。由于作者长期在西方接受教育,他的知识面很广,涉及希腊、罗马及近代以来西方有关音乐、舞蹈的艺术和文学的方方面面。然而,作者也没有忘记非洲的艺术和文化,他浓墨重彩地向读者介绍了当代非洲的杰出音乐家及其作品,如刚果民主共和国著名的民族歌手罗夸·坎扎以及著名艺术家、歌唱家、作曲家让-贝戴尔·姆皮阿纳·特史图卡等人。当然,非洲人的生活哲学是他论述中的重点。他力图从每天所经历的平凡生活中寻求生活的哲学意涵,如餐桌上的哲学、运动的诗学、婚姻的政治经济学等。

孟加先生在讨论海外非洲人认同问题时提到了非洲裔美国人、社会学家奥兰多·帕特森有关"厚"认同感和"薄"认同感的区分。"厚认同感愿意指定一种促进自立的'非洲式'论证的哲学基础,它是独特的、分离的和排外的,旨在使一种关于差异的邪恶理性合法化。这明显不是本研究的目标。薄认同感有意识地使其轮廓相对模糊,适用于一种分享集体利益的愿景,一种难以定义的包容力,从而使各种类型的非洲人从他们共同历史的伤口和疤痕中吸取教训,以利于想象和建设一个开放的未来。"这是一种很有意思的区分,同时也说明这不仅是海外非洲人的认同感矛盾,也是各种海外移民的一种认同感矛盾。

译者序

本人在论及华侨华人身份认同时提出过"主观认同"与"客体认同"的概念。从主观上看,有的人在移居地希望别人一看就知道自己是华侨或华人(或非洲人),有的人到国外后则千方百计隐瞒自己的真实身份;有的人甚至希望永远记住这种身份;有的人根本不愿意承认自己的原籍身份。客体认同受到多方面因素的影响,关键在于其与权力和利益有着直接联系。当一个社会受到某种困扰(经济危机、政治斗争或对外战争)时,社会成员往往会将矛头转向同一社会的异己分子,即移民、少数民族、某种弱势群体或集团的成员。换言之,这些集团异己分子的身份在平时可能并不重要,但一到危机时刻,对他们的"族体认同"就成为缓解社会矛盾的"减压阀"。我将此称为"替罪羊"现象,即在国内危机或国际矛盾激化时将社会某一有关联的非主流群体作为责怪和发泄的对象。以美国社会为例,黑人、华人、日本人和阿拉伯人均在不同阶段成为一种矛盾的焦点和政治经济困境时的牺牲品。这种"成见"(stereotype)往往成为一个社会区别异己分子的特征。当然,客体认同往往与其居住的社会环境即居住地的政治经济状况紧密相连。

在自我认同方面,孟加先生尝试着在各种矛盾中保持平衡。一方面,他认识且时刻体验到自己作为非洲人的存在和意识;另一方面,他吸收了各种西方社会的成分,从意识形态到生活志趣,从思维方式到处世哲学,且不时以此为荣。一方面,他认识到法国人既不认可非洲人的人性又千方百计地希望将非洲人克隆为法国人的企图;另一方面,他又力图学习并掌握西方的各种知识。他既为自己缺乏对非洲文化传统的认识而懊恼,又不时表现出对非洲价值观的轻视甚至怀疑。这种矛盾性可以从他对葬礼、饮食、婚姻以及各种思想潮流和行为方式的描述和分析中看出来。他坚持自己是非洲人:"我肯定地将自己定义为一位世界公民,但无论如何,我也是一个非洲人。我观察我的同胞和解释他们的想法的行为都是根据融合的'非洲性'(Africanness)观点(或者,如果你愿意的话,这种新的黑人性)来进行的。"他也敏锐地观察到这种过分强调肤色的分析维度所带来的局限性:"确实,作为一种对苦楚的简单回绝和对欢快舞蹈的欣喜,黑人性主张一种黑人的个性,使得非洲新政治领袖和精英们在阳光下面有了他们的一个空间。然而,正因为它集中关注种族问题,从而忽略了诸如阶级之类的问题。"然而,他又尽量避免陷入过分强调"非洲性"的思维之中:"对我而言,在谈论黑色大陆的同时避免本土主义和'非洲文化真实性'两种观点的失败和概念上的僵局是可能的——前者想象着非洲是一个同质的生物—种族体,后者对失乐园的怀旧感使他们继续狂欢。"同时,他也希望自己成为非洲文化和西方文化交流的实验者。他不无自豪地认为:"与其他数百万非洲人一样,我强烈地意识到我是这种长期交流传统的继承者,这种交流使得对生物学和种族的盲目崇拜毫无作用。文明并非不可渗透的化学粒子。这就是说,有的人对融合—吸收过程的处理比其他人要好。"当然,这些都无可厚非,因为我们都是生活在矛盾的世界,我们身上自然充满着各种矛盾性。

由于作者的描述都是用日常生活的琐事作为例证,读起来平常中透着哲理,热爱交织着愤怒,非洲文化与西方文化互相渗透,表现出孟加先生广博的文化底蕴与深厚的人文主义精神。在对非洲情况进行分析时,我们可以指出非洲的各种不足之处,也可以批评非洲传统的某些缺陷,但我们对非洲文化培育的独特之果不能视而不见。

由于殖民主义的推进,在北美、拉丁美洲和澳洲,本土居民几乎被剿灭殆尽,本土文化已难以辨识。非洲的情况却完全不同。在经历了四百余年的奴隶贸易以及上百年的殖民统治之后,非洲文化虽然历尽艰辛,却生生不息,以宗教、文学、雕塑、绘画、音乐、舞蹈等各种形式传遍世界各地。这充分表现出非洲文化持久的生命力和坚韧性。这种情况也从当代非洲的两个例子中表现出来。

孟加先生著作中谈及的那位提出"黑人性"(negritude)

的塞内加尔总统桑戈尔是一位虔诚的天主教徒,他领导的却是一个信仰伊斯兰教的国家。一位天主教徒统治着90%以上的国民是穆斯林的国家长达20年,国内政治稳定,经济有一定发展(虽然深受法国的控制),这不是偶然的。著作中提到的另一位非洲楷模是南非前总统曼德拉。近代以来,曼德拉先生是唯一一位既得到西方人的尊重,又受到东方人敬仰的世界领袖。这两个例子都发生在非洲,都具有某种普世性。非洲文化的包容性和感染力不得不令人敬仰,也不是西方殖民主义者希望将所有非洲人变成自己的克隆版就可以随意去掉的。欧美虽已成为发达地区,但因过于追逐"利"和"力"而导致的各种社会弊病已不容忽视。

即将在南非约翰内斯堡召开的中非峰会将大大推进中非合作。然而,中非关系的另一个重要方面是加强人民群众的联系。在对于中非关系的各种虚构和误解中,一个基本问题是:非洲人民对中国的普遍看法如何?在2015年皮尤公司(Pew)关于"对中国的看法"(opinion of China)的民调中,非洲受访者对中国普遍有着好感。其中,加纳最突出(80%),其次是埃塞俄比亚、布基纳法索(75%)和坦桑尼亚(74%),然后是塞内加尔、尼日利亚和肯尼亚(70%),最后是南非(52%)。非洲民众对中国的看法总体上是积极的。然而,这并不意味着非洲人和中国人不需要进一步相互理解。人与人之间的关系是双边关系的基础。

本书的译者分别为李安山(导言、结语)、沈晓雷(第一、二章)、贾丁(第三、四章)和许明杰(第五、六章)。

本人在此感谢孟加先生为中国人了解非洲和喀麦隆文化贡献这部著作,感谢毅夫兄向我们推荐此书,感谢北京大学出版社对非洲研究中心的信任,感谢三位同仁在百忙中抽出时间完成了翻译工作。我希望,孟加先生这部著作的翻译出版将增进国人对非洲文化的了解。

是为序。

李安山

2015 年 11 月 17 日于博雅西园

目　　录

导言　虚无主义:非洲的多样性 …………………（1）
　　班图人回家 ……………………………………（2）
　　雅温得:教化而来的悲哀……………………（9）
　　失败中的欢乐 …………………………………（13）
　　超出坏与最坏 …………………………………（19）
　　黑人性:依从与异议 …………………………（23）
　　幻形非洲:他者的问题 ………………………（28）
　　西奥兰和叔本华在热带 ………………………（33）

第一章　欲望的谋略:婚姻的政治经济学………（39）
　　欲望的谋略:虚无的爱 ………………………（46）
　　选择妻子 ………………………………………（52）
　　受压迫的记忆 …………………………………（56）
　　性高潮的真相 …………………………………（63）

第二章　餐桌上的哲学：我吃故我在 …………（69）

　　通过感官享受来教化 ……………………（73）

　　享乐的美学与社会伊壁鸠鲁主义 ………（80）

　　口味的伦理与道德意义 …………………（85）

第三章　运动的诗学：舞蹈和音乐的想象力 ………（91）

　　舞蹈：一种虚无的祈祷 …………………（95）

　　神秘的音乐方程 …………………………（101）

　　混乱的精度 ………………………………（108）

第四章　原罪的体验：围绕上帝葬礼的对话 ………（117）

　　梵蒂冈的歇斯底里 ………………………（118）

　　享乐的上帝或无能的上帝 ………………（121）

　　信仰的成本收益分析 ……………………（124）

　　巫医与巫术 ………………………………（131）

第五章　身体用途的伦理：自尊理论 ………（140）

　　思考的身体 ………………………………（144）

　　受难的身体 ………………………………（150）

　　复兴的身体 ………………………………（155）

　　专断的美 …………………………………（159）

　　自愿的奴隶 ………………………………（163）

第六章　作为邪恶伦理的暴力 ……………………（170）
  关于主权国家鞭刑 ………………………………（171）
  暴力的伪装 ………………………………………（174）
  权力的色情化 ……………………………………（177）
  悲剧的审美泛化 …………………………………（181）
  弱者的力量：一种邪恶伦理 ……………………（185）
  曼德拉的道德困境 ………………………………（188）
  虚无主义与私人暴力 ……………………………（194）

结语　驯服死亡的虚无主义 …………………………（200）
  情感构造学 ………………………………………（202）
  葬礼的社会语法 …………………………………（209）
  欢快的葬礼 ………………………………………（214）

导言　虚无主义：非洲的多样性

于是，我到了杜阿拉。没有哪家机场具备这种诗画般的荒谬，这种忙乱的麻木以及这种巨大的痛苦。尽管海关大厅弥漫着潮湿的空气，却依然挤满了对此毫不在意的形形色色的人等。一如既往，你不得不没完没了地等待着行李。同一个航班上的行李同时出现在三个传送带上——没有任何解释。乘客粗暴地互相推搡，着魔似地从一个传送带跑到另一个传送带。独立半个世纪后，似乎没有人设法说服当局将中非最大的机场以不同的组织方式进行运营。在这种氛围里，我只能心里想着索尼·拉布·覃斯①、西

---

① Sony Lab'ou Tansi（1947—1995），原名 Marcel Ntsoni，刚果作家和诗人。尽管他在47岁时去世，他却是非洲最高产的作家，也是在世界上最著名的"新非洲作品"的实践者。他因小说《反人民》（*The Antipeople*）获得黑非洲文学大奖（Grand Prix Littéraire d'Afrique Noire）。他后来在刚果共和国的首都布拉柴维尔经营一个演剧团。——译者注

奥兰①和佩索阿②，保持镇静以平息自己的愤怒情绪，找到自己的箱子然后融入混乱的人流之中。在这种地方，不论是官员还是怨恨的民众都相信他们知道自己在做什么，没什么比想向他们说教更糟糕的了。

班图人回家

空气中盛载的声音和城市夜晚的味道令我颤抖。意识从主观上将一个地理空间作为家，这种幸福感是没有道理

---

① 艾米尔·西奥兰（Emil Cioran，1911—1995），一译萧沆，罗马尼亚旅法哲人，20世纪怀疑论、虚无主义重要思想家。西奥兰属天才早熟型、诗人气质哲学家。入读布加勒斯特大学期间，他博览群书，尤其深受叔本华、尼采、舍斯托夫、陀思妥耶夫斯基等人影响。21岁完成第一部作品《在绝望之巅》之后，连续数年以罗马尼亚文撰写多部作品，文风犀利、思想独特，令人注目。1947年完成的第一部法文作品《解体概要》，获里瓦罗尔（RIVAROL）奖。此为西奥兰一生唯一一次接受文学奖。——译者注

② 全名费尔南多·佩索阿（Fernando Pessoa，1888—1935），生于葡萄牙。在开普敦大学就读时，他的英语散文获得了维多利亚女王奖。后来，他回到里斯本并考取了里斯本大学文学院，攻读哲学、拉丁语和外交课程。他喜欢阅读古希腊和德国哲学家的著作，继续用英文、葡萄牙文阅读和写作。他的主要文学作品包括十一卷本的《诗歌作品集》（1965）、九卷本的《散文作品集》（1986，内容涉及文艺理论、美学、哲学、心理学、社会学等多方面论述）、三卷本的《哲学文集》（1994）、两卷本的《惶然录》（1982—1983）等著作。此外，还有相当数量保存在国立图书馆的遗稿仍在发掘与整理之中。他的作品已被翻译成主要西方国家文字，在西方文学界受到极高的评价。有人将他与卡夫卡、毕加索、乔伊斯等人相提并论。——译者注

的。尽管我走遍了全球各地并且在几乎任何其他地方都受到更好的待遇，然而一旦当我踏上喀麦隆的土地，就没有什么可以取代那种流淌在我血液里的欢悦。自发的陶醉，记忆中那些地方的魅力，难以言表的颤抖，难以解说的灵魂之乐，难以觉察的救赎和永恒之感。然而，我的幸福感稍纵即逝。杜阿拉不再拥有在黑白明信片时代可以感受到的那种老式魅力。贫困化带着复仇之心已经在此生根，包括在那些声称管理着这座城市的人们头脑里。

在匆忙赶去某个突然间变得毫不重要的会议的路上，我看到了在我面前展开的那种无处不在的讥讽。在一条路的转弯处，我听到了从那些年久失修的木房子里传出来的不知是谁的喊声，那是没有人去注意的时而非人的喊声。这些痛苦的叫喊声被遗忘在绝望的喧嚣和覆盖着整个城市的集体痛苦的湿热宁静之中。

横跨武里河的大桥。这一景观是这座城市表达其世界观的最有说服力的象征。在这里，混乱被一步步解构。没有交通标志，没有秩序意识，没有诗歌。司机们似乎神情恍惚，个个都是急急忙忙。没有一个人有让另一个人先走的优雅和大方。每一辆车都在狭缝中移动，毫不考虑原本的交通流向。卡车或具有大马力的汽车远比那些小汽车具有优势，它们钢的或是带着铁锈的保险杠有时是经过特别加固的，因此可以给那些胆敢不给它们让路的小汽车以极大的伤害。然而，每个人的行为都是如此，不论他们的教育水平如何以及衣着是否高雅，司机们在这种疯狂驾驶中都是平等的。贫困使得愚钝成为一种大众化。湿热的气候和坑洼的路面刺激了这种疯狂的需要。人们互相怒目而视，在笑声中极力羞辱对方，快乐地彼此鄙视，有时甚至用最猥亵的手势和下流的语言来侮辱对方的母亲或她的身体。他们威胁着要杀死对方，欢快地互相诋毁。尽管我自己是在这种环境中长大，却仍然花费了几分钟时间来调整这种对环境的反应。我注意到开车送我的这位司机的乐观顺从。他见过比这更糟的状况。

杜阿拉的汽车交通也许是这种被其自身幻象所吞噬的文明的最强烈的反映。几个世纪所受的压迫和五十年来扭曲的独立产生了思考和行动的独特方式，也在人民心中留下了很多的伤疤。我设想着西奥兰发现他自己在这种混乱之中的场景。他可能会发现无数额外的理由去描述他那苦涩的三段论。我还设想了一位日本心理分析医生发现他自己在这种混乱之中的情景：他可能会告别他的职业，再去找一份不那么困难的工作，与他原本的才能截然相反。或许去当管道工？

在这座城市的街道上漫步，我听到悲泣之中的喧嚣寂静,这种悲哀往往是习惯于无动于衷的结果,源于那种对阻碍重重的恐怖统治的屈服。"我们又能怎么办?"这是到处可以听到的标准回答,表达了一种身体和精神的麻木,然而矛盾的是,它却经常会被一种无组织的行动主义所打断,这种行动主义已经发展到通过激增的非正式经济来表达自己:它先是缓缓侵入人行道,继而堵塞街道,并使正式经济边缘化。这种情况使我得出结论:我们不能被这种似乎永久不变的麻木的第一印象所迷惑。这个国家那些被必胜信念冲昏头脑的领袖们最好不要对看似平静的水面掉以轻心。即使人民看上去似乎很迟钝,他们的愤怒也能够像猛烈无情的热带风暴那样瞬间爆发。

我在与各个社会阶层的人们交谈时,意识到了这一启示的迫切性:我感觉到尽管有期待体育赛事或其他事件的兴奋,但政治和社会海啸的巨大风险正在迫近。那些支配着日常关系的暴力——包括家庭暴力——被某些媒体四处传播的偏见,以及由对话产生的误解,其能量如此之大,使得我们必须时刻牢记哲人法比安·艾伯斯·布拉嘎①的名言:"卢旺达是非洲的隐喻或借喻,那里发生的一切都

---

① 法比安·艾伯斯·布拉嘎(Fabien Eboussi Boulaga,1934—),喀麦隆哲学家,雅温得大学荣休教授。他出版过多部著作,包括《没有巫术的基督教》等。他也是《土地:哲学与社会科学杂志》的主编。——译者注

值得我们关注。"因此,我们必须学会"思考那些难以想象的事情"。

在路上。就警察的打扮和引发人们对其产生的极为有限的信赖感而言,他们可能会被误以为是劫匪,他们会不时地随心情让车停下。专断的禁令、严重的侮辱、烦恼的琐事以及无穷的折磨构成了普通喀麦隆公民的日常生活。为了重新恢复镇定并获得片许宁静,我听着罗夸·坎扎①的音乐,他的声音比任何文学著作更能揭示多灾多难的非洲的秘密。他的音乐将我带回到西奥兰:不管怎么样,肯定有天堂,或者至少天堂肯定存在过,否则,这么多的天赐之福从何而来?

一路向前,克凯姆是一个沉睡在国道5号旁边的神秘小镇,这儿的路愈走愈窄。尽管这个地方风景秀丽,但却带有一种逼人的枯燥沉闷。令人惊异的是,那里的人并不沮丧。居民们那种饱满的精神似乎有些不合时宜。道路在一堆泥土和花岗石前面戛然而止。早在几个月前,邻近群山中的一座发生了山体滑坡。一大堆岩石将路给堵上了。十座房屋被岩石吞没。从那时起,行政当局和地方政客不

---

① 罗夸·坎扎(Lokua Kanza, 1958—),是刚果民主共和国著名的带有强烈民族特色的歌手,可以用法语、斯瓦希里语、林加拉语、葡萄牙语和英语演唱。他也是作曲家,创作了不少歌曲,出版了多张个人专辑。——译者注

时会面……讨论可能的议题。那些对这些问题负责的部长们不发表任何意见。"共和国总统"忙于打高尔夫球。他可能正在想着在不久的将来去挑战泰格·伍兹①。整个国家是空虚的。每个人都应该懂得并接受这一事实。

附近的一位亿万富翁利用自己个人财富的一部分,在这一事故现场的周边清理出一条道,这样运输车辆可以绕过这一障碍。我询问这一全社会共知的行为可否作为一个微小的例证以突出地讽刺当局的无作为,却被告知事实并非如此。实际上,这一慷慨举动的主要原因是这位富翁正在准备一场重大葬礼,需要接待许多来自世界各地的宾客。他的豪宅位于离此地数公里处,如果山体滑坡阻碍了这些客人的来访,这将是一件令人烦恼的事。喀麦隆人对死亡以及任何与避免死亡的幻觉有关的热闹活动都颇为着迷。正因如此,在这一城市的入口处,两面巨大的横幅悬挂在街道之上,上面写着"欢迎参加××老爷的葬礼"。为了颂扬他们的宇宙观以及生者与死者之间的联系,穷人宁愿欠债来为葬礼仪式花钱。我一直认为这种奇怪的死亡经济总是带有一种葬礼的味道。然而,我有什么权利来规

---

① 泰格·伍兹,全名艾德瑞克·泰格·伍兹(Eldrick Tiger Woods)。生于1975年,美国著名高尔夫球手,在2009年前高尔夫世界排名首位,并被公认为史上最成功的高尔夫球手之一。——译者注

定任何人的幸福呢？

　　午夜将近。在巴纳的夜间冒险。陡峭的道路藏匿着神秘气息，雾气有如巨大的地幔，一动不动地将这一切笼罩。山体的芳香及其华丽的威严消失在一片黑暗之中。此时此刻的极度壮美使得我屏住了呼吸。我双亲明白无误的缺席，我对父母的美好记忆，被埋葬在那里，就在我的脚下。我的父母终其一生都在试图将有关人的价值的艺术逐渐灌输给我。我想象着他们用谨慎却带着怀疑的脸容，想知道我变成了什么样的公民，我生存的品德，我的黑人性，我的生活哲学，什么决定了我的人生道路，可能还有我对优先事项的选择。我一直十分想念他们。不管我走到哪里，这种深深的伤痛时刻伴随着我，永远也不会弥合。

　　向南方行进，我在马肯内内停下来买西瓜。像往常一样，各种年龄的卖水果妇女团团围住汽车，恳求旅行者买一点她们的有机食物，这些是对环境、农民和消费者表示尊敬的农业的象征。这些妇女每天 12 个小时站在太阳或雨水里，希望一个星期的工作能挣得足够的钱勉强给自己买两磅肉。还有一些孩子，我想他们没有上学，他们的凝视表达出一种天真的缺失，一种痛苦的冷漠。然而，他们的产品的质量却给了水果消费者们一个因幸福而颤抖的世界，特别是在那些为来自非洲的新鲜水果而疯狂的波斯湾的阿拉伯国家。五十年来，这个国家的经济战略家们从未想过要开发这一庞大的潜在市场。其实，那些在路边腐烂的大量水果完全可以经过实地加工，创造财富、工作、附加值，更重要的是可以为作为国家尊严的资本做出应有的贡献。不幸的是，那些国家的治理者却在别的地方。"总统"仍在打高尔夫球。泰格·伍兹要当心了……至于那些部长们，他们正在热切地盼望着下一届内阁改组，因为这种事至少每年一次。

在午后的温暖阳光里穿过巴菲亚，我有那种被突然摔入夜晚的感觉——心灵一下子被寂静所笼罩。当然，我可以看到那些在自己小屋前安详而坐的男人，以及正在准备晚餐的女人的身影。我还看到一些哈哈大笑的孩子们。他们是在嘲笑这个镇子的麻木吗？还是在取笑我义愤填膺地为他们制订计划的那种充满责任感的幸福？

雅温得：教化而来的悲哀

进入雅温得是一场没有敌人的英勇战斗：争奇斗艳的色彩，喧嚣的忙乱，狭窄的马路，没有人行道，寻找生意的出租车和卡车司机愤怒的喇叭声，川流不息的行人，其中有的人看上去很茫然，似乎处于某种非法药品的控制之下。在这种无序的能量后面，我看到的是社会底层针对官方漫不经心且漫无目的的那种不平等的争斗。

　　城里。当我帮着司机将箱子从汽车上拿出来时，我划伤了自己的右手食指。距离签书仪式仅剩不到一个小时，这可不是什么好事。在炎热的下午，我的血在报复性地流淌。我赶紧去最近的药店买绷带。老板娘对我的恼怒和严厉是喀麦隆店主的典型态度。没有！她以最恶劣的态度抱怨说，她没有绷带。我奔向另一家离此处不远的药店。大约二十多个不同年龄的顾客带着一种愿望向柜台挤去，最后的抵达者毫无愧疚地将其他人推开，拼命向柜台挤去。没有懊悔，没有歉疚。他们或是穿戴西装领带，或是穿着宽长袍和凉鞋，或富或穷，或是说着带巴黎口音的法语，或是含糊地咕哝几句混杂的英语。顾客们对这种丢脸的混乱场景并无怨言。悲伤似乎在他们的血管里流动。我问一位药店里的售货员：如果每个人都排队，情况是否会更好。他看着我，好像我是一个火星人……

　　那个下午的晚些时候，我签名售书的那家书店里的紧张时刻。我们差不多是准时开始的——实际上可谓是这个城市里带有异国情调的小小壮举——因为这里的时间从来就不和其他地方的时间长度一致。冒着湿度，抵御着这个城市周末开始时提供的诸多致命诱惑,各个时期的喀麦隆知识分子都集合在那里,耐心、好奇、目的明确,想与我一起进行一场严肃的讨论。也有一些沉默的旁观者,有的似乎是过路人,他们付不起一本书的钱——因为这是热带地区的一种奢侈品——却仍然想待在那里,成为这一珍贵时刻的一部分,正如我一样。结果,那个时刻本身就已经足够了:我们可能说过的那些没有丝毫真正的重要性。这种与各种不同公民的普遍交流是在关于他们自己的对话中进行的。他们热切地希望成为他们的历史的主体,而不再是其他人的幻想作品中的客体(正如社会学家让·马克·埃拉喜欢表述的那样),这本身就有一点点幸福感。

我们不顾年龄差异,不以这个群体所假设的政治意见为限,开始了一场公民对话,尽管有时对话内容与我所设想的我们共属的喀麦隆人民此时最为紧迫的要务并不相关。此次会面是在一幅蒙戈·贝蒂①微笑的画像下面进行

---

① 蒙戈·贝蒂(Mongo Beti, 1932—2001),原名 Alexandre Biyidi Awala,以蒙戈·贝蒂或艾扎·博托为世人所知。喀麦隆著名作家。他21岁发表处女作《残酷的城市》,一生出版过十余部小说和其他文学作品,代表作有《可怜的蓬巴基督》《回忆瑞本》《纪尧姆·伊斯马埃尔·兹瓦塔马的回报》《爱情骄阳似火》《黑与白的骚动》等。他的语言幽默犀利,抨击了西方殖民主义者对非洲的统治及其虚伪本质,反映了非洲人民的反殖斗争,揭示了西方和非洲文化的冲突,描绘了现代非洲政治、文化和社会状况。贝蒂的作品被译成英、俄、德和波兰等文字出版,有的还被非洲和其他地区国家的大中学校作为教材。——译者注

的，他是一位有代表性的持不同政见者。尽管民主运动断断续续，2001年①去世的蒙戈·贝蒂是过去约15年来取得进展的较典型象征。患夜游症的政府以为它已经使我们闭嘴，我们对此嗤之以鼻。事情已经有所进展。公共领域拓宽了，尽管是在暗中进行的。根据尤尔根·哈贝马斯的观点，公共领域帮助验证了西方关于公民社会的概念。蒙昧主义力量不再具有窒息所有自由发言空间的工具。

然而，抓住说话的权利并非一切。即便那样，一个人必须有效地使用这种权利，有效地思考。这并不是必然的，特别是在心智匮乏已经持续了很长时间并已经侵入到相当多的受教育者的脑海里的情况下。今天的对话是彬彬有礼的，意见交流时不时紧张热烈，但我还是感觉到那种悲哀，那是禁锢人们心灵的专制之遗产。愤怒被"教化"了，但仍相当明显。这种愤怒是针对一种看不见却无所不在的罪恶，针对一种似乎已控制了我们的历史、我们的现实以及我们的未来的神秘而具有破坏性的神力。这种愤怒并未在人们所作的陈述中表现出来，却融入了下午的炎热空气之中，上升到天空中，搅动人们的心灵，使人们手势活泼、声音颤抖。对灾难的辩解，对朝生暮死的一种群体

---

① 原文为2005年，疑有误。——译者注

迷恋：我对某些同胞的平静的犬儒主义和他们牺牲的需要印象深刻，他们认为首先要找到导致喀麦隆和非洲各种困难的外部的罪魁祸首。我尝试着回答他们的问题，同时强迫自己尊重他们这种内心的痛苦，这种绝望，以及这种对其自身和迎面而来的未来的恐惧。我想象着自己去世的父亲带着隐晦的笑容从头至尾听着，为了更好地听懂会议的内容，他点燃了一根烟并呷着啤酒。没有哪种虚无主义可以使他惊讶。

失败中的欢乐

停车！在距杜阿拉约20公里以外，出现了严重的交通拥堵。被可怕的太阳光线晒得更黑的警察们疯狂地打着手势，交通口哨带着刺耳的音调。两个方向的汽车都被堵得纹丝不动。没有任何官方解释。一个司机告诉我们，"总理"正在访问杜阿拉，随时都有可能离开这座城市。"为了安全"，所有的汽车都已经整整一个小时没有移动。"你只能等……"

从为自己的软弱而惊恐的这一人群中走过，我尝试着去理解。在一辆出租车上，乘客们像为寻找共同墓地的僵尸一样堆在一起。在他们中间有一位茫然凝视的孕妇。我想她可能在考虑将她的小孩带到这种世界的前景后会改变主意。她的周围同样具有那种不知所措的气氛。司机一边用旧衬衫的领子给自己扇着风,一边叹着气说:"你不得不怀疑是否上帝已经抛弃了我们。"我回答说,上帝很忙,上帝期待喀麦隆人将自己的命运掌握在自己手上。在太阳的尘埃中细声呻吟没有任何帮助。

我请一位朋友帮我找到当地警察局局长的电话号码。我在想给他发一封最后通牒:如果这些道路在半个小时内不开放,我将尽力说服我那些不幸的同伴和所有在这满是灰尘的炎热地方被不公平地迫为人质的人们在这个城市的街道上游行。可能我们只会有5人、10人或20人,也可能我们会被那些阻碍着交通的面露凶相的狂热士兵所射杀,但是通过拒绝官方虚无主义的专断,我们将向这位"总理"和他背后的那个人表示:我们现在是摆脱了对死亡恐惧的公民。

我设法找到了犯罪调查局局长的电话号码,但他不接电话。我坚持打,一位助理最后拿起了电话,用一种低沉的口吻告诉我:"头儿正忙着。"我告知她这一信息:一群按规矩纳税的忠实公民以"总理"将会出城这一荒谬的借口被堵在城市的入口处。我语气坚定地告诉她我们中的一些人决定不再忍受这一恶毒的玩笑,如果这一情况在随后几分钟内不被认真处理的话,我们将拒绝服从警察的命令。我还告诉她停在路边的出租车上的一位孕妇情况很糟糕。这位助理问了我的名字和电话号码,并要我重复所说的话。我以最大的耐心照她说的做了。等她听完我的话后,她问我是否有意要"威胁共和国当局"。我尽力保持一个名副其实的西奥兰读者的气度,提醒她现在发生的一切正好相反:所谓"当局"正在愉快地折磨好公民,这些公民的唯一缺点是他们平和地从事自己的工作。她承诺在与她的上司谈话后再给我打电话。然而,这个电话再也没打来。

大家经过在灰尘里不能移动的漫长等待之后,我们正在谈论的这位"总理"的阴郁车队以最快的速度驶过,就像一个刚进行过武装抢劫的匪帮从被抢银行里逃出来一样。车队伴随着一阵刺耳警笛和喇叭声不祥的齐奏呼啸而过。我情不自禁地在想:这些声称管理国家并依靠着军队的人究竟害怕什么,或者是以这种方式显示他们的力量?所有的腐朽力量都有自己的法术为自己壮胆,进行自我欺骗。看到我的司机的微笑,我对很多同胞的那种幻灭的平静多少有了更深的理解。面对荒谬的事,可能有好几种态度。一种可能涉及组织积极的反抗陷入一种激动疯狂,并很快会导致草率的结局。在那些政权经常表现出残忍行为的国家里，这种办法不仅没有什么效果，从哲学的角度看，它往往是一种简单天真的行动。对付这种局面的另一种办法是带有一种微妙嘲讽的对抗性愚钝，对其轻蔑窃笑。我的司机比较倾向于恩里克·比拉-马塔斯①曾提及的"清醒的愚笨"：在一种普遍无知的情况下，聪明人往往装成傻瓜。从这一点看，伊拉斯谟②的"愚人"角色（来自《愚人颂》）描述了同样的事：在人类存在的这个大舞台上，每个人都应继续扮演自己的角色，不被欺骗，知道如何展现适合某种情形的喜剧意识。面对权力的专断，沉默未必就是共谋，它有时是灵魂的优雅和冷漠的教育法。我当然不会期望从我的司机那里学习有关虚无主义的这一课！

那一晚的晚些时候。一位调皮的朋友将我带到著名的夜总会"私人场所"（Le Privé）。他向我解释，要正确地

---

① 恩里克·比拉-马塔斯（Enrique Vila-Matas）是西班牙目前最重要的作家。目前已经出版了近三十部著作，体裁包括短篇、小说、随笔和论文集。——译者注

② 全名为德西德里乌斯·伊拉斯谟（Desiderius Erasmus，约1466—1536），尼德兰哲学家，16世纪初欧洲人文主义运动主要代表人物。1524年写了《论自由意志》并同马丁·路德通信，批评路德。他知识渊博，忠于教育事业，讽刺了经院式教育，反对死记硬背，主张学习自然科学。其一生始终追求个人自由和人格尊严。——译者注

探寻像杜阿拉这种城市的秘密,你必须体验这里的夜间温度。我以一个民族学家的精神行事。音乐的拍子被设定为一种凝重而单调的节奏。它可能是愉快的,但听起来却像一种死亡愿望,围绕着它的是一群表达着对生命渴望的喧闹舞者。在这一极度担忧狂乱情绪会严重降低的集体中,女人们是最为疯狂的。她们的舞动有时表达了某种对失去知觉的需要,一种对此时此刻的放弃。看着她们,我根本没听音乐,而是奇怪是什么可能的原因使她们沉迷于这种迷幻、这种颤抖、这种每人都必须让自己迷失在夜晚的幻觉泡沫之中的决心。对这种感官享受的虚无主义,佩索阿会怎么想呢?

"他们不知道天堂和地狱是一秒钟的造化,完完全全的一秒钟"(西奥兰)。瞬间的光芒即可令人满足。我从某种茫然若失的表情中看到了日常生活的悲哀、伤痕与折磨的积习,以及对前景展望稍纵即逝的畏惧。由于没有能够思考未来的奢侈,这些人担心时间,从而将自己的身体和灵魂投入到当下时刻提供的一点小小的机会之中。他们拼命地摆脱自己的过去,同时相信他们可以从酒精中找到少许幸福。抽烟也可以帮助他们隐藏自己的感情。有些人挥舞着粗粗的雪茄(比如蒙特克里斯托2号)来为自己树立自信。他们似乎对自己无所作为颇为欣喜。我的一位近邻穿着皱巴巴的西装，兴奋地为女伴斟上香槟酒，不时心不在焉地吻着她。但这并不能阻止他威胁女友，如果她不听话，他就会对她不客气。看到他，我想起了卡利古拉皇帝①——每当亲吻妻子或情人的脖颈时，他总要提醒她们他可以随时将她们的喉咙撕裂。

我匆忙地结束了这一活动，主要是因为失望，既无时间为自己，也无时间为他人，更重要的是，我不能找到这种存在哲学的其他表达方式，它可能是黑人性的最新典型。当我回到华盛顿的时候，一位朋友问起所有保留在我记忆当中的这些画面的含义。我的国家在短缺经济的情况下生存了这么长时间，这在很多方面不仅是撒哈拉以南非洲的隐喻，也是那个一般被称为黑人世界的整体的隐喻，如何看待这一点？在理想、自尊、自信和领导力方面的不足麻痹了人们的心灵并冲淡了他们追求幸福的梦想，如何帮助减少这些不足？当我们进行这场谈话时，我看着窗外，灌木丛静止在暖冬洁净的绿意当中。对于我的美国邻

---

① 原名为盖乌斯·尤利乌斯·恺撒·奥古斯都·日耳曼尼库斯（Gaius Julius Caesar Augustus Germanicus，12—41），为罗马帝国第三任皇帝，后世史学家常称其为"卡利古拉"。卡利古拉是他自童年起的外号，意为"小军靴"，源于他儿时随其父屯驻日耳曼前线时士兵为他穿上的小军靴。卡利古拉被认为是罗马帝国早期的典型暴君。他建立恐怖统治，神化王权，行事荒唐。——译者注

居而言，他们从不问形而上学的问题。他们每天早上起来后干他们责任范围内的工作。这一点很像玛黛妈妈——我那仍住在村庄里的外婆。但是，她生活在一个当下道德观和风俗习惯与美国人的主流价值观非常不同的世界里。

因此，尝试着理解我的同胞们的客观选择和他们的即时欲望是很重要的。要理解在非洲道德热情的无效，解释个人与集体行为中对犬儒主义的偏好以及黑人世界日常生活每个领域的精髓，思考我们的世界与整个世界之间各种路径差异中所包含的哲学假设。

超出坏与最坏

以上所任意提到的这些小插曲和生活片断是我在去喀麦隆的旅程上碰巧遇到的，它们展现了与物质贫困非常不同的一些情况。尽管是一些琐事，但是它们反映了非洲正在发生的社会转变中存在着的贫困的另外一些特点。知识分子的讨论集中在经常观察到的行为及其原因和后果，往往忽略所观察现象的复杂性，特别是这些现象中所包含的哲学问题。这就经常沦为了不同思想派别的代表之间的自说自话。

我们听到的是什么？大致而言，对非洲或者更概括地说对整个黑人世界①，存在着两种对立的话语。一是某种从历史、政治和经济因素（奴隶制、殖民主义、剥削、依附、专制和劣政）来分析非洲大陆的动乱和贫困化的结构主义解释。结构主义的理论家们强调在非洲社会被解构和商品化过程中不公平的重要性和历史的专断性，以及建立一种国际秩序以使他们成为工具或是在世界经济中使他们边缘化。这些著述充满了抱怨和痛苦，往往是由左派知识分子撰写的。

第二种有关非洲的观点是文化主义学者的，他们认为这个大陆的悲哀首先是源于个人选择，源于个人或集体的决定，源于行为态度。考虑到黑人世界并不是唯一遭受苦难和不公正待遇的群体，他们指出其他社会群体却能够克服历史的诅咒并摆脱了压迫状态。他们声称，与之相反的是，非洲人将自己禁锢在原始的民族主义或是一种与过去相关的贫瘠苦难之中，从而在世界人民的眼中成为对人类

---

① 黑人世界是一个不可避免会引起争论的地理和历史分类。它不仅包括了撒哈拉以南非洲的人民，也包括了那些从奴隶贸易时期以来强加或接受的移民社群。因此，并不奇怪，有关现今非洲的话语经常与美国有关非洲裔美国人的话语互相交叉。可参考康奈尔·韦斯特（Cornel West）在 *Race Matters*（Boston: Beacon Press, 1993）中的分析。

良知没有什么贡献却只有哀鸣和抱怨的永恒受害者。从某种意义上说，他们只是那些将自己的不幸变为琐碎的悲剧（西奥兰语）的人。因此，他们对坏境遇的习以为常以及他们对最坏情况的被动承受只是那种拒绝个人责任的哲学态度的逻辑结果。

于是，一种简单的二分法一方面反对那些所谓的"结构主义者"（进步主义者）自作多情的人道主义，他们想为这个大陆的所有病症找到外部的理由，而倾向于将非洲人民幼儿化；另一方面也蔑视那些认为非洲人社群浸透了一种施虐受虐狂和犬儒主义色彩的"文化主义者"（保守主义者）。这种对抗只不过是奉送了一些将非洲大陆漫画化的观点。首先，由于黑人世界遭受了差不多四个世纪的道德与政治危机，如果力图将这种外部因素与内部因素区别开来，那只不过是一种错觉。价值观秩序和社会规范与流行的政治和经济动态不可分割地联系在一起，决定了一个地方的道德体系结构、行为方式和文化。其次，结构主义与文化主义因素的区分也是武断的。那些发布规定和批准行为的机构（家庭、学校、宗教组织等）自身也不断地受到运行中的政治和经济结构的影响，同时也反过来施加影响。

更重要的是，这一场争论集中在有关黑人世界的老套话语并放大它们的影响。结构主义者和文化主义者过多地讨论危机的症状而非其缘由。双方不断地列举出一些问题：习惯性贫穷，浅薄而又利欲熏心的精英们堕落的生活，社会底层的享乐主义，对娱乐消遣的永恒需求，对三流的生存状态的被动接受，似乎成为社会结构必要部分的长期的愤怒和无声的社会狂暴，标志着政治一景的不断发生的暴力事件，永久性的绝望，施虐受虐狂的体验，以及未被承认的集体自杀的诱惑……对其要么谴责，要么容忍。这就回避了深层的哲学问题，即对于我们经常在整个黑人世界看到的其态度和习俗的更深层次的理由。

现在，要理解撒哈拉以南非洲以及移民社群日常生活中表现出来的一些社会和政治动态，有必要超出那些以居高临下态度列举的概念化的病理。以家长式作风或通过表面来理解非洲和非洲人民的困难是不可接受的，必须探讨隐藏在日常生活最平常行为背后的哲学基础和思维模式。要做到这一点必须拒绝接受那些滥用的一般化结论，这些结论往往是根据琐碎证据得出的。这是由20世纪20年代黑人性运动的发起者犯下的主要错误，他们努力赞美黑人—非洲人的价值观。

黑人性：依从与异议

"黑人性"是那些被其历史冲刷得语义模糊的词汇之一，因此在使用这一词语前尝试着给予它清晰的定义会较为明智。1935年，"黑人性"第一次出现在艾梅·塞西尔的《黑人学生》杂志上，首先是为了表示一场文学和政治运动，试图表达"黑人世界文化价值观的总体"（利奥波德·桑戈尔）并以这些作为对有争议的黑人—非洲人的人性进行重新评价的基础。因此，它同时定义了一种哲学的自豪态度和一场对当时仍然处于殖民主义控制之下的受压迫人民表示承认的政治运动的智力框架。如果不重新将黑人性置于其刚出现时的历史环境之下，要评价黑人性的影响就不可能。

此外，它的支持者们认为自己的行动遵循着古老的、黑人的美国传统，这一包含着异议和限定的身份认同的传统被奴隶贸易和奴隶制所蔑视。① "黑人性"一词反映了

---

① 参见 Tommie Shelby, *We who are Dark: the Philosophical Foundations of Black Solidarity* (Cambridge, MA: Harvard University Press, 2005).

这一反抗的基准,取自法语"黑色"的意思,在那些哈莱姆文艺复兴中相当活跃的朗斯顿·休斯、理查德·赖特等美国作家的著述中意思已经含混。① 因此,黑人性从起源上说就是对压迫人民重新赋予尊严的一个媒介。在1948年为桑戈尔的《黑人诗歌选集》所写的序言中,让·保罗·萨特对这一由长期被禁锢无声的人民的呐喊表示了极大的热情,他用迷人的天真语气说:"黑人诗歌有如天使,它带着福音而来,黑人性再次被发现。"② 这种有关天使的想法不可能永葆天真。被置于对白人统治的反击这一地位,黑人性是建立在黑人世界的那种从未真实存在过的悠闲而奢侈的想象之上。确实,作为一种对苦楚的简单回绝和对欢快舞蹈的欣喜,黑人性主张一种黑人的个性,使得非洲新政治领袖和精英们在阳光下面有了他们的一个空间。然而,正因为它集中关注种族问题,从而忽略了诸如阶级之类的问题。

20世纪60年代后期,来自法属西印度群岛的塞西尔

---

① "哈莱姆文艺复兴",以纽约著名的黑人社区命名,是由阿兰·洛克(Alain Locke)主编的《新黑人》(*The New Negro*,1925)文集的名称,该文集汇编了黑人知识分子和艺术家的作品,他们希望给世界一个黑人文化生机勃勃和美国黑人想象力释放的例证。

② Jean-Paul Sartre, *Black Orpheus*, trans. S. W. Allen (Paris: Présence africaine, 1963?) 18.

尝试着将黑人性置入历史环境之中，坚称其是遭受了苦难和屈辱的具有相同历史的各族民众的纽带："这是一场确保黑人移民社群与非洲世界之间团结的运动。你们知道，作为黑人是要付出代价的，不管这个人是法国人，即具有法国文化，或是具有美国文化，都有一个关键事实，即此人是黑人，这一点才是关键。这就是黑人性。它确保了团结。一方面，它联结起了我们的黑人祖先和我们共同来自的这一大陆（仅仅在三个世纪前，并不太久）；另一方面，它横向团结起了所有来自非洲并拥有共同遗产的人民。我们觉得这种遗产很重要，它仍然压在我们心头，所以我们不要与其断绝关系，而是要让它结出果实——根据目前不同的形势，根据我们要做出的反应来结出不同的果实。"（来自《文艺杂志》上的专访，1969年）因此，黑人性是散居在非洲、加勒比地区、美洲与欧洲并具有一种特殊生活经历的人民的引语；黑人性是尚未被完全抹去的几个世纪血腥历史的人类遗产的更新；黑人性是一种为实现恢复被非正义的压迫所伤害的想象所必需的哲学现代化，它仍然能对自身进行再创造以面对重大时刻的必要和紧急情况。

然而，这些评论并未阻止很多非洲知识分子对黑人性的种族原则的批判以及对其失效和无用进行嘲讽。"一只老虎不会声称他的老虎性，他猛扑。"尼日利亚的沃莱·索因卡如是说……桑戈尔在总统任期后退隐到诺曼底以及在法兰西科学院完成他的哲学旅行这一事实使黑人性的批评者得出结论：这一运动事实上是焦虑不安的非洲知识分子做出的一种姿态，想要在其他人的眼里寻求对自身的认可。于是，黑人性就只是一种确认，一种伪异义，人们梦想着由此接近一种由前殖民者定义的人性的神秘规范。

"我属于光天化日。"对桑戈尔黑人性最辛辣的批评者之一、喀麦隆诗人保罗·达克约如此声称。对我而言，我属于正好在独立浪潮后出生的那一代非洲人，我认为这些围绕着黑人种族的拜占庭式的身份认同之争与我没有任何关系。在种族理论的本质主义和那种联结原本的肤色之间的团结幻觉之外，首先存在着时间的不断侵蚀。在芝加哥的非洲裔美国人、亿万富翁奥普拉·温弗瑞的生活哲学和在纽约和达喀尔街头卖小饰物的塞内加尔妇女的生活哲学之间究竟存在着什么？巴拉克·奥巴马的肯尼亚父亲实际上并不知道他，他母亲在夏威夷和印度尼西亚将他抚养成人，他与他甚至不知道生活在内罗毕并从未有过任何联系的兄弟和堂兄弟姐妹们的共同之处在哪？在一个黑人与白人肤色有如调色板的世界里，生物学的意义是什么？黑人世界的种族同质性的神话以及由此产生的世界观的同一性是经不起推敲的。

今天的非洲人往往是世界公民，即使他们没有离开他们的出生地。现在，技术的进步和通信的发展允许马里的农民即刻就知道津巴布韦或印度棉花种植者的决定和行动。同样，喀麦隆学生能够通过互联网学习那些由波士顿麻省理工学院教授们讲授的课程。加纳的人权运动者可以从电视上实时了解达尔富尔和埃塞俄比亚政治局势的发展。比起半个世纪前，我们更容易通晓世界各地的情况。结果是，我们可以从大家都属于的那个世界的哲学遗产里吸取更多的东西，这一点远比我们想象的容易。作为一种生活哲学，今天的黑人性与昨天的大相径庭。这就解释了历史学家阿契里·姆贝姆贝提出的一种"非洲公民主义"（Afropolitanism）的说法，从而为一种新的文化、历史、审美情感的出现而定名，即"了解这里和那里的相互交织，其他地方在这里的存在以及这里在其他地方的存在，人之原籍、所属以及包容方式的相对化，对事实、陌生感、外国特性和遥远性的完整知识，从一个外国人的面孔认识自己的能力，从近处来寻找遥远痕迹的能力，对不熟悉的事物进行驯化的能力，以及与看似对立者一起工作的能力"[①]。

与其他数百万非洲人一样，我强烈地意识到我是这种

[①] Achille Mbembe, "Afropolitanism", trans. Laurent Chauvel, in *Africa Remix: Contemporary Art of a Continent*, ed. Simon Jnami (Johannesburg: Jacana Media [Pty] Ltd, 2007) 26—30.

长期交流传统的继承者,这种交流使得对生物学和种族的盲目崇拜毫无作用。文明并非不可渗透的化学粒子。这就是说,有的人对融合—吸收过程的处理比其他人要好。例如,没有人会说,中国不再是"中国人"的,因为在长达五千年的历史中,它必然整合了很多其他文明的文化和习俗。这里和那里的相互交织在我们每个人身上存在,这是不可否认的事实,但它在各个地方运行的强度并不相同,其结果也并非一致。将自身融入从其他地方来的文化之中的这一现象并不影响每一个人,其影响程度当然也不一样。然而,如果所有的世界公民具有同样的文化包袱,那我们将会很快变得完全相同。那也就没有任何文化融合的必要了。因此,我肯定地将自己定义为一位世界公民,但无论如何,我也是一个非洲人。我观察我的同胞和解释他们的想法的行为都是根据融合的"非洲性"(Africanness)观点(或者,如果你愿意的话,这种新的黑人性)来进行的。

幻形非洲:他者的问题

所以说,非洲人。但准确地说,我是谁?大移民社群或非洲大陆的非洲人?我们是谁?我们如何知道我们是谁?什么是今天用于界定我们的无可争辩的标准?在这种由他人或我们自己强加的分类中，有多少随意性是可以接受的？在这个非洲只是一个偶然的发明物的地球村里，我们应如何思考他者（otherness）的问题？这些都是加纳的克瓦米·安东尼·阿皮亚和刚果的瓦伦亭·Y.姆丁贝等哲学家善于讨论的问题。① 这些问题的探讨需要有所节制，既要避免认同的理性主义，也要防止那种相信杜阿拉、巴马科、哥本哈根或是东京的公民拥有相同历史并且其行为具有相同意义的肤浅的普遍主义。

"我们所有人在某个时期都具有认为我们的存在是独特的、不可移植的和非常宝贵的这样一种想象。这种心灵启示几乎总是发生在青青期。自我发现首先是感觉到我们是独自的：这是在打开世界和我们自己之间的那堵无形透明的围墙，即我们的意识。"② 奥克塔维奥·帕斯③的这些

---

① Kwame A. Appiah, *In my Father's House: Africa in the Philosophy of Culture* (New York: Oxford University Press, 1992); Valentin Y. Mudimbe, *The Invention of Africa: Gnosis, Philosophy, and the Order of Knowledge* (Bloomington: Indiana University Press, 1988).

② Octavio Paz, *The Labyrinth of Solitude*, trans. Lysander Kemp (New York: Grove Press, 1961, 1985) 9.

③ 奥克塔维奥·帕斯（Octavio Paz, 1914—1998），墨西哥诗人、散文家。生于墨西哥城。帕斯的创作融合了拉美本土文化及西班牙语系的文学传统，继承欧洲现代主义的形而上追索以及用语言创造自由境界的信念。1990年由于"他的作品充满激情，视野开阔，渗透着感悟的智慧并体现了完美的人道主义"而获得诺贝尔文学奖。——译者注

话点明了所有关于自我和他人的冥想的框架。一种共同的生活经历是重要的。然而，它永远也不可能完全消除孤独的迷宫，这是人类经历的一种最不相同的特性。这也解释了最初的黑人性被严厉批判的原因，它就像所有匆忙而成的分类一样，从某种意义上而言是人为创造的。本土主义者假定团结与肤色相连，其种族构成以及那些不讲道德的政客们为了政治目的对这一概念的利用充分证明了人们的愤怒是有正当理由的。尽管如此，理智地谈论非洲和今天的黑人世界，必须要超越争辩和言词泡沫，去探讨这种主观性的标准，这种主观性在思维、（临时的）生活哲学、规范、社会习俗和行为中经常会旗帜鲜明地表现出来。这种人为但耐心地建构、坚持并承认的他者，在众多的非洲人身上特别明显地表现出来，尤其是在全球化的加速迫使这块黑色的大陆重新评估自己的时候。

  我们必须使自己正视所面临与理解的化圆为方的困境，正如安东尼·马恰多所说的"他者并不存在"，因为那是我们自己。或者说，是我们自己的镜像，那个我们每天早上在盥洗室镜子里看到的陌生的镜像，可能要比对门的邻居或是每天在街上与我们擦肩而过的路人更加难以捉摸、更觉遥远。在真实生活中，这种我们认为是虚构的他者从未让自己被恐吓或消灭。正如那些出现在科幻电影里的角色，主人公总是认为他在每次决斗中已经将其消灭，但它很快又将自己神奇的身体部位重新组合起来，总是可以复生，而且往往是在我们最意想不到的时刻。它"存在并坚持，它是坚硬的骨头而理智则因之伤了牙"。我们是否必须接受"存在的必要异质性"，或是"自身必定永远受累于不可救药的他性"？① 或许好好利用这一点是最明智的，理解我们每个人都具备自己独特性的敏锐意识。但是，我们最好记住奥克塔维奥·帕斯的警告："我们可以通过我们的创造将自己与其他人区别开来，而不是通过我们性格的那种可疑的创意，那可能是不断改变的环境的结果。"② 顺便说一下，那对我而言似乎是有关差异的道德准则的条件。

本研究的目的并非是提供一种生存哲学，而是要在（不管正确与否）确实意识到自己是非洲人或属于黑人世界的那些特定群体中建议一些观察和行动的方式。我明显地意识到这种努力的风险和缺陷。然而，对我而言，在谈论黑色大陆的同时避免本土主义和"非洲文化真实性"两种观点的失败和概念上的僵局是可能的——前者想象着非洲是一个同质的生物—种族体，后者对失乐园的怀旧感

---

① 本段的这些引语取自帕斯的《孤独的迷宫》（*Labyrinth of Solitude*）中的引语。
② 帕斯：《孤独的迷宫》，第10页。

使他们继续狂欢。这里，非洲裔美国人、社会学家奥兰多·帕特森有关"厚"认同感和"薄"认同感的区分似乎用得上。厚认同感愿意指定一种促进自立的"非洲式"论证的哲学基础，它是独特的、分离的和排外的，旨在使一种关于差异的邪恶理性合法化。这明显不是本研究的目标。薄认同感有意识地使其轮廓相对模糊，适用于一种分享集体利益的愿景，一种难以定义的包容力，从而使各种类型的非洲人从他们共同历史的伤口和疤痕中吸取教训，以利于想象和建设一个开放的未来。

因此，懒惰或忙碌的读者不应从这本小书中搜寻一个仅具有非洲公民权的沉思者形象，也不应寻找只适用于非洲的神秘合理性的蛛丝马迹，更不要指望找到有关集体身份的模糊且不稳定的哲学标志。构成此处分析的虚无主义观点基础的群体团结既非专一独有，也非一成不变。在一个互动性不断增强的世界里，这种团结与生物学和种族无关。此外，非洲的诸种虚无主义与一种单一、稳定和内在的非洲合理性的存在是不相容的。这些虚无主义强调运用多种动态的途径以达到理性的需要。"自下而上"的合理性（即民众的合理性）是至关重要的，这种合理性主张汇入到非洲大陆无数的哲学真理之中，这些真理长期以所谓"自上而下"的知识（即精英的知识）的名义被约束起来，而将人民排除在其历史之外。

如果想从精神上否认黑人性和民族主义的遗产，那当然是天真的。一些非洲国家的公民和移民社群中的非洲人仍然梦想存在着一种非洲文化，这种文化即使不是不可渗透的，至少也是独特的，它注定要成为个人和集体身份的基础。这也是事实。我不会反驳那种对于非洲文化产生的独特形式的想象，这反映了观察世界和在某些情况下进行推理的诸多方法。然而，我关注的是分析对这一心智遗产进行心理管理的各种方式，并证明非洲各族人民自主地适应它们，将自己与它们进行区别，甚至通过各种不同形式的虚无主义对它们进行再创造。

西奥兰和叔本华在热带

洛杉矶的非洲裔美国人贫民区可能对叔本华比较陌生。赞比亚可能只有少数人读尼采。西奥兰对巴西亚萨尔瓦多的异教徒音乐也并不熟悉，因为他从未去过巴西、马里和喀麦隆。托马斯·伯恩哈德[①]并非在巴西亚萨尔瓦多、

[①] 托马斯·伯恩哈德（Thomas Bernhard，1931—1989），奥地利小说家、剧作家，20世纪后半叶德语文坛风格最独特、最具影响的作家之一，被称为"阿尔卑斯上的贝克特"、"海德格尔思想的实践者"、"专事批判奥地利的作家"、"灾难和死亡作家"等。——译者注

亚的斯亚贝巴和金沙萨的街道上散步时激发了对自杀的必要性的思考。然而，他们的虚无主义哲学的不同变体却在这些地区每天被像我一样希望以不同方式过黑人生活的男人和女人实践着。我的这本小书的目的是将这种目前在黑人世界极其普遍的生活方式的不同方面展现出来。

虚无主义是这些哲学概念中的一种，它意味着很多不同的事情，因此最后它比其他任何概念引发的混乱都要多。因此，让我们尝试着通过梳理虚无主义的概念来稍许厘清一下本书的主题。第一点是与该词本身的词源学相关（nihil，在拉丁语中表示"无物"），它是指保罗·布尔热①所称的"致命的生活疲劳，一种对于致力于虚荣的悲哀感觉"②。占过去四个世纪大部分时间的悲惨历史给予这个大陆和移民社群的非洲人太多的东西使得他们的愤怒无法平息。此外，这种致命的生活疲劳成为各种革命运动

---

① 保罗·布尔热（Paul Bourget，1852—1935），法国小说家和评论家。代表作《弟子》（1889）对自然主义进行了抨击，而布尔热早期的作品也曾运用过自然主义。他经常持罗马天主教徒的观点，主张重回君主制。他的著作起到了在小说中运用心理分析方法进行普及的作用。他的第二部小说《残酷的谜》（1885）确立了自己的名望。1894年，他当选为法兰西学院院士。其他小说包括《无法挽回》（1884）、《都市》（1893）、《离婚》（1904）。评论作品以《当代心理学文集》（1885）最为重要。——译者注

② Paul Bourget, *Essais de Psychologiecontemporaine* (Paris: Plon, 1937) xix.

的助推器，从马库斯·加维的"黑人—非洲原教旨主义"到黑豹党有关暴力的激进理论，也是马丁·R.德莱尼的"实用民族主义"的发酵剂。作为美国19世纪激进的黑人废奴主义者，德莱尼也是黑人民族主义和另一重意义的黑人性的创立者，即它是一种具有积极和改造意义的愤怒爆发。

虚无主义的另一种表达是对荒谬和虚无的赞美，它不仅对任何改变社会的尝试进行嘲讽，也对任何行动的合法性表示轻蔑。这正是尼采的形而上学，即上帝的死亡和引导人类行为方向的价值观的退化，那是一种使得我们能够"没有任何理由地热爱生活"（拉斐尔·恩托文语）的悲观主义和思想空虚。很多各个社会阶层的非洲人并不需要将自己沉浸在西奥兰的警句格言之中以培养怀疑论，也不需要那种无法安慰的忧郁。这都不能阻止他们在焦虑中生存和抵制自杀——一种对死后会有更好世界的想象。

第三种虚无主义的读物是从上一种衍生出来的，是指有必要树立自己生活中的一个目标，并形成一种生存哲学——尽管人们知道这种目标显然是无用的，也知道每个事物都具有相同的开始和终结，我们都会快乐地走向死亡。在这一基础上，很多我的喀麦隆同胞和遍布全球的数百万其他非洲公民对超然性表示轻蔑。他们对那些人类想象出来的、由各种神学机构管理的并且统治着信仰市场的各种神祇和魔鬼一概不予理会，他们庆祝存在的毫无意义，并以卓越的才能和创造力参与到被詹尼·瓦蒂默和其他人称为"积极的虚无主义"的建构之中。

虚无主义的这些不同变体使得有可能找到一种理由来解释我在自己国家观察到的画面并将它们和谐地整合到那里流行的哲学范式之中。有人对非洲和黑人世界那种特性以不可削减的他者性之名义而坚持置身于世界主流思想之外，而这些变体或许将帮助我们对其平凡性有更好的理解。然而，将一些行为置于恰当的视角并确认虚无主义与思维模式和今天的黑人性相联系的不同类型，这一事实将只是对黑人世界的哲学思考的一个阶段。这会有何不寻常？"今天早上我思考了整整一个小时，我对自己的不确定性又加深了一点。"西奥兰如是说。①

最终我可以从方法论的角度自由地在本书中使用一个词。黑人性作为今天非洲人的情况，经常被媒体漫画化，并被缩小为一首痛苦的悲伤交响曲，而它却是有着极大哲学力度的一个主题。当然，杜阿拉或巴马科的一般公民不会去直接讨论形而上学和认识论。然而，他们中很多人每天都在对自己的行为发出质问，并尝试着将他们的决定和

---

① Cioran, *Cahiers, 1957—1972* (Paris: Gallimard, 1997) 132.

行动置于道德哲学从而是道德准则的庇护之下，这是值得的。应该抓住这一对控制那些想当然被认为是最"不道德"的行为的德行的强烈渴望，这样就能"打开天真的眼睛"并能榨取他们有时深藏在其谎言背后的真理。所以从某种角度而言，这是用微哲学来解析荒谬现象。因此，使用的方法是间接的：不是将一般理论和推理系统呈现出来，而经常是以暗示的方式通过细节和序列来解释。

这里所作的选择是对那些因为碰巧在我的梦境和冥想中出现而被选择的主题的沉思，而不是开发一种机械式构建的思维系统。经验观察有时是通过对非洲和非洲裔美国作家某部作品的评论而完成的，但并不打算进行注释性的讨论。我记得米歇尔·福柯对成名的哲学家的工作方法进行的批判："将话语实践降低为文本追踪，省略其中产生的事件，仅保持作品的评论，创造文本背后的声音以避免不得不分析话语主题里的暗示模式；将原文划分为说过或没说过的，以避免将话语实践置于事件实际发生转变的场所。"① 我写作本书的工作方法类似被音乐家称为"同步性"的方法，而不是从一般主题到特定观察而形成一篇论

---

① Michel Foucault, "My Body, This Paper, This Fire," translated by Geoff Bennington, in *Aesthetics, Method, and Epistemology*, ed. James D. Faubion, vol. 2 (New York: the New Press, 1998) 416.

文：我将以平行的方式写下去，强调一般原则与特定事实之间的联系，轶事、思考和主题不断融合，目的在于互相加强。我的探讨拒绝任何一般性，实际上可归结于想象思考和生活究竟是通过什么方式使用了哲学。或者说，如果西奥兰、叔本华和其他人有这种模棱两可的好运来生活在今天的热带地区，他们可能会怎样来修改和丰富他们的虚无主义。

第一章 欲望的谋略：婚姻的政治经济学

爱情：爱还是被爱？

——J. B. 姆皮阿纳①

这世上根本就没有爱，有的只是爱的证据。

——让·考克托②，电影《布劳涅森林的女人们》中的对话

---

① J. B. 姆皮阿纳（J. B. Mpiana, 1967—），全名让-贝戴尔·姆皮阿纳·特史图卡（Jean-Bedel Mpiana Tshituka），刚果（金）著名艺术家、歌唱家、作曲家。——译者注

② 让·考克托（Jean Cocteau, 1889—1963），法国诗人、小说家、戏剧家、画家、设计师、法兰西学院文学院士、电影导演。他多才多艺，几乎涉及了那个时代所有的现代艺术，惊人的创作能力令他获得世界性的声誉。他的电影作品包括《美女与野兽》（1946）、《俄耳甫斯》（1949）和《俄耳甫斯的遗言》（1959）等；诗歌作品包括《花花公子》（1910）、《好望角》（1918）、《笔下的呐喊》（1925）、《神话》（1934）和《迷》（1939）等。——译者注

司机开车载我去了布基纳法索瓦加杜古的一个名为库卢巴的水果市场，我想在那里买一些有机橙子和草莓。我住的那家四星级酒店也有水果，但看起来既不水灵也没有水果味。这些经过冷冻的进口水果正在灰尘中慢慢脱水，给人的印象仿佛就是为了惩罚那些大腹便便、只能在游泳池边晒黑的外国客人。我正在布基纳法索出差，这是世界银行的例行公事，我们需要在两周的时间里将一个国家所有的政府官员和高级公务员都调动起来。作为代表团的团长，我有一个司机和一辆政府用车可自由使用，那是一辆黑色的奔驰。如果是在交通拥挤的城市里快速穿行的话，乘坐奔驰倒是一个明智的选择，但到一个普通的市场去购买水果，这就有点不靠谱了。因此在让司机开着这辆高级轿车前往市场之前，我还是有些忐忑。但我并没有太多的时间来买东西，而且我还需要一个翻译来了解市场的情况，因为这个国家的其中一种官方语言——摩尔语，是当地人相互间交流的唯一的真正工具。

第一个穿过水果摊，端着果盘向我走来的摊主就像他们所说的那样"赚够了一天的钱"：我购买了她拿给我的全部水果，付的钱比她的要价高一倍。她一边有点吃惊地看着我，一边用手去擦黑色额头上流出的汗水——二月的瓦加杜古热得就像一座沸腾的火山。她用不流利却怡人的法语问我，是否要用剩余的钱买点别的东西。我让司机用摩尔语告诉她我不要别的东西了，多余的钱是给她的小费，我很钦佩她的勇气——在灼人的烈日下待上一整天，只是为了等待假想中购买橙子的人，确实需要勇气。这是一个16岁左右的少女，脸上挂着既羞怯又让人难以接近的笑容。我问她是否上学，她低着头解释说她不得不放弃学业，她所能做的就是帮母亲卖水果。

就在这个时候，一位坐在不远处的一个箱子上一直看我们交易的老妇人站起来，步履蹒跚地走了过来。她的眼中除了悲伤之外空无一物。她偷偷地做了一个在我看来是微笑的鬼脸，然后向司机说了几句话。司机虽有些犹豫，但还是饶有兴趣地翻译了出来：

"她是这个女孩的母亲。她建议你将她女儿带走。"

"将这女孩带走？带她去哪里？带她干什么？"

"你想干什么就干什么，"司机解释说他只是翻译了老妇人的建议，"她可以给你做饭，甚至做你的妻子。"

我有些吃惊得说不出话来。我确定自己已经正确地理解了这场突如其来的对话。老妇人那没有牙的笑容已经变得有些迫切，她那紧张的眼神已经使我认识到她非常期待我的回答。

"我只是一个路过这里的陌生人……"

"这没有关系。"

"告诉她可能我的婚姻很美满……"

"如果你已经结婚，她可以做你的第二个妻子！"老妇人平静地回答，并坚持让司机如实地翻译她的话。

那个女孩以让人看不透的表情注视着这一切。我想她之所以会友好地看着我，是不是因为她害怕她的母亲。

"这个女孩会怎么看她母亲的主意呢？"我问司机。我想藉此找出一个强有力的理由来反驳这一不合情理的提议。

这个问题让对话有些沉重起来。司机第一次用严肃认真的语调将我的问题翻译给了那个老妇人。然而她一点都不紧张地回答说，她非常了解她女儿，她确信她们母女的观点是一致的。为了表明她并不想胁迫那个女孩，她甚至建议让我们两个人单独待一会儿，以便讨论这件事情。"你将亲眼看到我女儿会很乐意跟你走。"她边走边总结道。

"别着急！"我坚持道："没有这个必要。就此事而言，你女儿根本就不认识我，你也是如此。我们不可能在市场上用这么几分钟的时间就定下来一桩婚姻。我可能是一个卑鄙小人……"

"我倒是不这么认为。"

第一章　欲望的谋略：婚姻的政治经济学

"……我也可能是一个毒品贩子……"

"我女儿是一个好女孩，很有教养；她的厨艺很好，她会把所有一切都做得井井有条。你将来肯定不会后悔……如果你试过之后觉得不想要他，你还可以把她再送回来。这没有关系……"

没有关系？

那个女孩仍然沉默不语，脸上含着羞怯的笑。我环顾四周，想看看其他水果摊贩是如何看待这场对话的。但他们那种事不关己的神情让我一无所获。

为什么是我？

到底是什么打动了她？是因为高级政府专车及司机溢于言表的奉承彰显了我的权力与重要性？还是因为我给的钱远远超出了水果的价格？难道这个老皮条客日复一日地待在市场里，就是为了将她的女儿献给那些开着高级轿车前往她的水果摊的顾客吗？

"我看着你；我相信自己的直觉和内心。我敢确定你是一个好人。我女儿和你在一起将会很幸福。我确信我女儿爱你。"

她的解释可能会满足我的自尊，但并不能让我理解所发生的一切。

"我女儿在这个市场里受了太多的苦，看着她受苦，我也痛苦不堪。"

这就是了。她只是想让这个美丽的少女摆脱贫困的境地，只是想为她找一份工作。我最后礼貌地拒绝了她们的请求，然后在这对母女泪眼婆娑的注视中离开了。顺便说一下，我并非没有想起济慈①的名句："我是一个懦夫。我无法承受快乐的痛苦。"②

在接下来的几天我一直在想这场对话，这在萨赫勒地区相当罕见。因为尽管这里物质匮乏，但其风俗习惯所崇尚的却是骄傲与高贵。③ 在这个尘土飞扬的市场中突然邂逅的爱情引起了我的怀疑。我是否漏掉了什么？难道生物学家没有声称一个人只有在位于鼻子下方的线粒体分泌出信息素，然后将其像信息一样释放出来以影响另一个人的行为时，才能真正坠入爱河吗？我们彼此在这场交易中的所失与所得是什么？我所谓的魅力在其他情况下也会奏效吗？如果我不是坐着黑色的大奔驰车，而是步行前来，抑或是如果我也像大多数其他顾客那样在购买橙子时惴惴不

---

① 约翰·济慈（John Keats，1795—1821），英国杰出诗人，浪漫派的主要成员，与雪莱、拜伦齐名。济慈虽然英年早逝，但创作了大量优秀的诗歌，其中包括《伊莎贝拉》《夜莺颂》《希腊古瓮颂》《秋颂》《忧郁颂》和《白天逝去了》等。——译者注

② John Keats to Fanny Brawne, September 13, 1919 in *letters of John Keats to Fanny Brawne*, (New York: George Broughton & Barclay Dunham, 1901). 36.

③ 布基纳法索的意思是"正人君子之国"。

第一章　欲望的谋略：婚姻的政治经济学

安地讨价还价，而非比要价多付一倍的钱，那些女人还会立刻就"爱上"我吗？所谓诱惑的艺术到哪里去了？

这场突如其来的交易让我想去弄清非洲新一代情侣之间的爱情都有着哪些方面的特征。或许在他们的情感世界里，这个女孩和她勇敢的母亲只是将爱情简单地视为追求他人的内心欲望，她们将我看成是那种人。难道豪尔赫·路易斯·博尔赫斯①不是告诉过我们，"爱情就是去感受我们正在错过的东西"吗？② 或许对她们而言，爱情首先是超越的渴望，是希望去攀附一个被认为有能力让她们摆脱艰难的社会环境的男人。如此一来，爱情首先就是一种关心自己的理想。她们或许还将爱情定义为马尔西利奥·费奇诺③所谓的真正的爱，即对美的渴望：不是唤起

---

①　豪尔赫·路易斯·博尔赫斯（Jorge Luis Borges，1899—1986），阿根廷诗人、小说家、散文家和翻译家，被誉为作家中的考古学家。生于布宜诺斯艾利斯一个有英国血统的律师家庭。在日内瓦上中学，在剑桥读大学。掌握英、法、德等多国文字。作品涵盖多个文学范畴，包括短文、随笔小品、诗、文学评论、翻译文学。其中以拉丁文隽永的文字和深刻的哲理见长。——译者注

②　Jorge Luis Borges, *Conférences* (Paris: Gallimard, 1985) 120.

③　马尔西利奥·费奇诺（Marsilio Ficino，1433—1499）。文艺复兴时期的意大利哲学家、美学家，佛罗伦萨柏拉图学院派最著名代表。他最为知名的是对柏拉图著作的翻译和注释。他最早提出了柏拉图式爱情这一概念，作为苏格拉底式爱情的同义词，用来指代苏格拉底和他学生之间的爱慕关系。这是一种纯精神而非肉体的、理想式的、男女平等的和完美的爱情观。——译者注

初级感观（触觉、嗅觉和味觉）的短暂的肉体美，而是诉诸所谓"高贵的"感观（视觉、听觉和理性）的永恒的美。最后，正如我经常在非洲不同的社会环境中所观察到的那样，他们或许还对爱情持有一种虚无主义的概念，这种概念将感情和道德层面从爱情中剥离出去，使其变得功利主义至上。

欲望的谋略：虚无的爱

社会学家明确指出：非洲女性结婚的动机在一代人的时间里发生了很大的变化。人们长期以来所提出的恋爱的感觉，以及必须遵守文化传统和家庭需求的观念，已经让位于更具物质性的考虑。她们从前因缺乏自信而被迫求助于最为古怪的诱惑手段来寻找丈夫和融入社会，但这种现象现在似乎已经消失殆尽。女性欲望的解放现在可与20世纪60年代西方女权主义勃兴后所发生的事情相提并论，唯一显著的区别在于：在此与之相伴随的并不是对"将女性视为物体"的愤怒的谴责。而其理由如下：如果对女性的要求是她的美貌，那么在非洲"将男性视为物体"则是在追求他的购买力和社会地位。

由于摆脱了负罪感，非洲女性为自己发明了一种为婚姻之爱辩护的新理由来弥补她们的感情亏空。她们已经很少出于尊重社会习俗或为了感情而结婚，她们更多地是在考虑自己的生存，以及进入靠自身力量根本无法进入的心理疆域。一厢情愿会让所有人都不高兴，将婚姻幸福定义为陷入爱情并不是切实可行的生活目标。就像格奥尔格·克里斯托夫·利希滕贝格①所认为的那样，她们认为如果爱情是盲目的，那么婚姻将会让人恢复视力。它可以让人更好地保持清醒，并避免陷入那"用长叹嘘成天空的云雾"（莎士比亚，《罗密欧与朱丽叶》，第一幕，第一节）。

她们看待与陌生人调情的方式很好地体现了这一新的虚无主义的爱情。第一次浪漫邂逅有时隐秘和不经意的一面也透露出她们想要组建什么样的家庭：这个家庭拒绝渗透性夫妻，即男人和女人完全受情感支配的幻想。她们认为夫妻关系非常重要，不能完全成为感情的奴隶。人类学

---

① 格奥尔格·克里斯托夫·利希滕贝格（Georg Christoph Lichtenberg, 1742—1799）。18世纪下半叶德国的启蒙学者，杰出的思想家、讽刺作家、政论家，深受康德、歌德、尼采、列夫·托尔斯泰、赫尔岑等几代哲学、文学大师的敬重和推崇。他的著作包括《格言集》等。——译者注

家和民族学家克洛德·列维·斯特劳斯①以幼稚的热情所描绘的所谓非洲传统的婚姻模式，亦即婚姻所连接的并非两个人而是好几个家庭这一模式，在当前仍然存在。但年轻人已经不再隐藏他们新的动机：她们已经很少会为了延续传统和光宗耀祖而结婚，而是更多地将自己置于社会阶梯之上，并获取维持自己的社会地位所必不可少的额外的购买力。

　　因此，无论是在水果市场中、在大街上，还是在夜总会里被不期而遇，或是被充当勇敢的媒人的亲属所发现，那位未来可能的夫婿都要被他未来的新娘凭借直觉去衡量和评估：他是否能够有效地承担理想伴侣的社会角色的能力将会得到审慎的估量。爱②不再仅仅是偶然相遇所擦出

---

　　①　克洛德·列维·斯特劳斯（Claude Lévi-Strauss，1908—2009）。法国著名的社会人类学家、哲学家，法兰西科学院院士，结构主义人类学创始人，法国结构主义人文学术思潮的主要创始人。他的著作包括《忧郁的热带》《野性的思维》《结构人类学》和《神话学》等。他所建构的结构主义与神话学不但深深影响人类学，对社会学、哲学、语言学等学科也有深远的作用。——译者注

　　②　在《爱的自然史》（Natural History of Love）中，戴安娜·阿克曼（Diane Ackerman）宣称爱是一个不可捉摸的概念，虽然所有人都承认其重要性、必要性和奇异性，但却从未对其意义达成一致。"我们如此草率地使用'爱'这个字，以致它既可能什么都不是，又可能什么都是。"顺便说一句，似乎是为了证实她的理论，她在书中并没有对爱进行定义。参见 Diane Ackerman, Natural History of Love (New York: Random House, 1994) xviii。

的神奇火花；它被视为庆祝性别差异和男女他者性崇拜的虚无主义的努力。其价值因此而体现在两性之间微小但无法压缩的距离之中。男人们被敦促着去接受豪尔赫·路易斯·博尔赫斯的建议，亦即去感受和品味"女人，任何女人都拥有的让人愉悦的东西；当然，人们无法对这个东西进行定义，但正是它使得男人与女人在一起时会感到愉悦。这与爱情或情感无关；我们说，它就是这一细微的差别，这一差别非常地小，但却足以被感知，与此同时，它又如此接近，从而不会将我们分隔开来"①。

在这种情况下，通常成就一场浪漫邂逅的那些自恋般的问题（"他会怎么看我？""他认为我漂亮吗？"）会被更加实际的关切所取代，其中包括："这位未来可能的伴侣的社会地位如何？""他能给我带来什么？""他能使我的家庭衣食无忧吗？"由于未来的爱人或丈夫也会问他们自己这些相同的问题，浪漫的恋情便被剥去了对其造成威胁的天真的乐观主义。矛盾的是，婚姻关系的这种平等主义的开端事实上是一种新的和更为牢固的理想主义的源泉，因为它不是建立在对某些抽象的幸福的迷梦之上，而是建立在满足彼此需求的现实之上。

---

① Jorge Luis Borges, *Ultimes dialogues avec O. Ferrari* (Paris-La Tour d'Aigues: Ed. Zoé-Ed. de l'Aube, 1988) 78.

因此，人们不会再纠结于其他社会的人在求婚时极尽浪漫之事所展现出的毫无用处的诱惑行为。在这里，一见钟情，也就是立即发现罗兰·巴特①称之为"互惠扩散"（reciprocal proliferation）的密切关系，首先是两个人对他们共同的情感利益或婚姻利益朴实无华的认可。伏尔泰宣称诱惑的步骤相当简单，男人对女人的外表产生兴趣，女人对男人告诉她们的东西感兴趣。"男人通过女人的耳朵来俘获她，女人通过男人的眼睛来俘获他。"伏尔泰说。如果生活在瓦加杜古，这位《奥尔良少女》②的作者只能是一个很不称职的诱惑者，因为那里的男人和女人相互间吸引的机制首先关注的是对潜在婚姻关系的成本收益分析。由于对情感不抱太多期望，感情因此而被合理化。越来越频繁地求助于线上约会网站也便利了择偶工作，因为这不仅可以节省时间，而且有助于更加精确地确认理想的

---

① 罗兰·巴特（Roland Barthes，1915—1980）。法国当代思想界的先锋人物，文学批评家、文学家、社会学家、哲学家和符号学家。他的许多著作对于后现代主义思想发展产生了很大的影响，其中包括《神话学》（1957）、《论拉辛》（1963），以及有关符号学的作品《S/Z》（1970）和《符号帝国》（1970）等。他于1976年在法兰西学院担任文学符号学讲座教授，成为这个讲座的第一位学者。——译者注

② 《奥尔良的少女》（*The Maid of Orleans*），又名《拉比塞尔》，是伏尔泰在1729年为歌颂英法百年战争中的民族英雄圣女贞德而创作的史诗。——译者注

伴侣。

　　因此，西方夫妻关系中的那种经常将爱情神话理想化的做法在非洲已经越来越不受欢迎。相反，人们信守的基本准则建议他们避免去犯因过于相信神话般的爱情美德和过于期待婚姻生活而导致的空想的错误。当然，就像其他地方一样，非洲也存在由于对爱情绝望而产生的激情犯罪和自杀现象。但那些因此而犯罪的人，在非洲会遭到别人的反对、奚落和谴责。在许多非洲人的眼中，因与伴侣的陷入病态的"爱情"就以此为名自杀或犯罪无异于懦夫的自我吹嘘以及闲散人群、资产阶级或"西化者"的奢侈品。爱情是一种审美化的幻想，是"一种构想，一种社会发明，而非一种'自然'现象。就此而言，它与周围许多被我们视为理所当然的事情并没有什么不同，因为这些事情也是历史长期形成且脱胎于特定意义的产物"[1]。爱情是"疯子的幸福"，是彻头彻尾反常的情感，因为与之相伴的是精神错乱通常所具有的混乱状态：焦虑、疑虑、绝望、偏执、自我、残暴，等等。

　　因此通过剔除其恶的一面，爱情就会变得不再神秘。为此，人们需要避免自己陷入感情的泥淖。为结婚而喜不

---

[1] Jean-Claude Kaufmann, *Sociologie du couple* (Paris: PUF, 1993) 5.

自胜和武断地爱上另一个人无异于埋下了感情灾难的种子。从绝对的视角而言,陷入爱情的迷梦在情感上的收益实际上完全可以忽略不计。只有那些对此加以看透的女性才能够获得平静的婚姻生活。

选择妻子

在这一背景下,人们选择配偶的动机揭示了什么?研究婚姻关系的社会学家所鼓吹的同族婚配及让-克劳德·考夫曼①所断言的"并不是随便找一个人就可以结婚,因为物以类聚人以群分"还有多少残留?的确,非洲人通常还会继续与属于相同社会群体(阶级、文化、宗教,等等)的人结婚。南非总统纳尔逊·曼德拉迎娶莫桑比克前总统萨莫拉·马切尔的遗孀格拉萨·马切尔为自己

---

① 让-克劳德·考夫曼(Jean-Claude Kaufmann,1948—),法国著名社会学家、畅销书作家,微观社会学先驱,现任法国国家科研中心科研主任。他对日常生活中最别致、最微妙的部分进行了大量研究。在这些研究中,他揭露了一些隐藏在行为表象之下的机制。他的关于两性和日常生活的众多著作在欧洲获得了巨大的成功,其中包括《夫妻网络》《女人的身体,男人的眼光》《第一个早晨》和《单身女性与白马王子》等。《单身女性与白马王子》尤为畅销,并曾荣获法国伦理与政治科学院颁发的著名的博尔丹奖。——译者注

的第三任妻子，以此点燃了人们的集体想象。加蓬总统奥马尔·邦戈则毫不犹豫地迎娶了他的邻居和朋友、刚果总统德尼·萨苏·恩格索的女儿。

但这一一般准则必须根据当前四处可见的爱情的虚无主义进行调整。并不是每个人都拥有像斯威士兰国王姆斯瓦蒂三世那样的自由：2008年9月1日，3万多名年轻的处女聚集在他位于卢兹兹尼的宫殿前，袒胸露乳地跳了一个多小时的舞，以便让他挑选自己的第十四位王妃。美国脱口秀主持人杰·雷诺笑称这种事情绝对不可能在美国发生，因为那里根本就找不到3万个处女……

同族婚姻理论所具有的静态和确定性特征正在被夫妻生活新的道德所摧毁。许多人在结婚时都不再考虑地理相近、文化相通和社会阶级相同等方面的因素。因此，夫妻双方在结婚之前会生活在不同的国家，来自不同的社会群体，拥有不同的教育水平，抑或是具有不同的文化背景。其中一个著名的例子是喀麦隆总统保罗·比亚，他在担任国家元首十多年后，迎娶了一个比他年轻30多岁的单身母亲作为他的第二任妻子，她不仅来自不同的族体，而且声名不佳。有些喀麦隆人对他的选择非常生气，认为此举严重损害了国家的荣誉。当地报纸一家比一家愤慨，纷纷在封面故事中披露这位新的第一夫人在爱情生活中的风流韵事。不过与之相反，我却认为这鲜有地展现了一个男人头脑清醒的一面，他以令人意想不到的方式表明，他能够放下黑人国王的自尊去邀请一个出身卑微的女人来分享自己的私人生活。

非洲人还用"遥控婚姻"来指称一种为长期生活在国外的移民所操办的新型婚姻，这些移民通常会寻求家乡有影响力的家庭成员来帮助自己寻找妻子。无论是在法国、英国、比利时、德国和美国工作的普通工人，还是事业已经飞黄腾达的高层人员，都会向他们的亲人寻求帮助（通常是他们的母亲或最受尊敬的姑姑或叔叔），让他们寻找与自己志趣相投的人，并利用他们的聪明才智和交际手腕来协助自己一步一步地走向婚姻（从组织约会到协商婚约，再到正式的传统仪式）。许多生活在海外的马里人、塞内加尔人和埃塞俄比亚人故此将选择妻子的责任交给了生活在数千里之外的亲人，因为他们完全信任这些人。事实上，这种选择妻子的方式只是此前培育爱情和结成夫妻的"传统"方式的升级版。对于某些移民群体而言，由于所在国家给他们带来的文化冲击过于猛烈，再加上他们难以融入当地社会，且他们的日常生活充满艰辛，因此这种婚姻方式将会持续更长的时间。

有些非洲移民将他们自己与婚姻之爱的需求隔离开来

的能力在一定程度上会让人想起纳撒尼尔·霍桑①笔下的主人公威克菲尔德。据说有个男人在某一天离开了家,他只说自己要出去走走,但他不知道自己想干什么,他甚至不知道自己要往哪里去。他带着难以捉摸的微笑告诉妻子说他不会走很远。由于他妻子经常发现他有点神秘兮兮,于是便没有问他太多问题。于是这个人便离开了家。刚走几步之后,他就开始怀疑自己为何要走那么远。在根本不知道将会发生什么事情的情况下,他住进了临街的一家旅馆,在那里待了一天,一个星期,一年……他只是简单地伪装了一下,然后便那么隐姓埋名地生活了 20 年,在此期间,一点没有引起他妻子和朋友们的注意,而这些人,他几乎每天都可以见到。在这一没有预谋的失踪期间,他看着他的妻子慢慢变老,但他并没有尝试去接近她。他已经适应了一个人的生活,他已经满足于偶尔漫无目的地走来走去。有一天,大雨正好把他赶到自己的门前避雨。他想都没想便打开了门,带着平素难以捉摸的笑容走了进去,然后安顿下来,重新拾起他在 20 年前丢下的生活……

---

① 纳撒尼尔·霍桑(Nathaniel Hawthorne,1804—1864),19 世纪前半期美国最伟大的小说家。其代表作品有:短篇小说集《古宅青苔》《重讲一遍的故事》等,长篇小说《红字》《带七个尖顶的阁楼》《福谷传奇》《玉石人像》等,均为世界文学史上不可多得的经典名著。下文所提到的作品为其短篇小说《威克菲尔德》。——译者注

然而，非洲移民在常年的背井离乡中通过代理人来过婚姻生活，还与威克菲尔德的那种无法用明确的心理动机加以解释的令人费解的漫不经心有着重大的差异。他的故事之所以会打动读者并扰乱他们的心思，完全是因为他古怪的态度，他那让人无法解释其原因的行为，他那模棱两可的怪诞性，以及他的行为中与生俱来的不连贯性——正是这种不连贯性驱使他走向令人意想不到的道路。对于非洲移民而言，婚姻是一场经过严格编设的仪式，是他们以缺席为完成条件的重要欲望。对于威克菲尔德而言，婚姻则是一场漫长而神秘的对话，其所使用的语言经常让人无法理解。

受压迫的记忆

非洲这些新式家庭的组建方式非常有趣，足以使人们想去更多地了解婚姻生活的道德规范和夫妻关系的动态发展。人类学家和社会学家关于非洲婚姻生活的专著以大量的调查、测验和证据表明，非洲的家庭生活存在着很大程度的不满情绪，女性也有着很大的挫折感，因为她们似乎认为自己被男人的权力和社会赋予"家长"的特权所支配和压榨。这些著作还提到了"黑人男性气质"这一更

第一章　欲望的谋略：婚姻的政治经济学

为普遍的，且经常引起女权主义者愤慨的问题。然而，那些女性怎么会一方面完全接受选择配偶的新标准并拒绝肤浅的婚姻之爱的多愁善感，另一方面又抱怨她们在婚后受到了虐待？这种自相矛盾的背后隐藏了些什么？

第一个可能的解释是：研究者进行实证分析所使用的工具可能无法判定真正发挥作用的动态因素，这既可能是因为他们的研究只触及了表面现象，也可能是因为他们的调查和测验并没有成功地判断出受访者话语中的虚假程度——统计学家还没有发明出相关的方法以确保他们能够测量故意而为之的谎言。

第二个假设是：非洲女性的婚姻或许并不像社会科学所揭示的那样不幸。之所以这样说，首先是因为幸福并不必然是人们意识到并在调查中加以概念化的东西，但最重要的是她们因幻想破灭而自愿结婚，从中她们并不期待会获得人类学家和社会学家所寻求的那种甜蜜的爱情。当研究者发现这一点的时候，却将其简单地解释为犬儒主义。然而许多非洲妇女现在选择的却是这样一种常识性态度：对她们而言，"爱情就是共同的利己主义"（安托万·德·拉萨勒①语）。

---

① 安托万·德·拉萨勒（Antoine de La Sale, 1385/1386—1460/1461），法国朝臣、教育家和作者。——译者注

这就是说，在社会思想、道德和实践的历史中压迫妇女的沉重遗产不应被忽视或低估。撒哈拉以南非洲婚姻的动态发展，显然是数个世纪以来遍及黑人世界的两性与种族统治进程的一部分。爱德华·格里桑①使我们想起了奴隶制背景下马提尼克岛上一对夫妻的痛苦开端："马提尼克岛的这个'家庭'最初是一个'反家庭'。为了主人的利益，一个女人和一个男人被迫结合在了一起。女人抱怨和哭诉道：吃土，不要为奴隶制生孩子；寸草不生的泥土，死亡的泥土。因此，女人有时拒绝为了主人的利益而怀胎生子。马提尼克岛上所创立的这个家庭的历史就是受到了这种拒绝的驱使。这是一个残忍的原始堕胎的历史：这是用第一声啼哭所镇压的演讲。"②

这一标志着家庭诞生的原始暴力也被用来解释非裔美国人社区的婚姻危机。"我认为问题的一部分植根于我们

---

① 爱德华·格里桑（Édouard Glissant，1928—2011），生于法属马提尼克岛（拉丁美洲），作家、诗人和文学评论家。他被认为是加勒比地区思想和文化界最具影响力的人之一。他曾出版了大量小说和诗歌，如《整体世界》（1993）等。他曾在 2006 年 1 月应邀担任一个为纪念奴隶贸易而设立的文化中心的主席。——译者注

② Édouard Glissant, *Le discours antillais*（Paris：Seuil, 1981）97. 文中的"吃土，不要为奴隶制生孩子"一句为克里奥尔语。

的内心深处,"科内尔·韦斯特①断言,"在西方文明中,黑色人种也属于人类是一个相当新的观点,而且这一观点实际上并没有被人们所广泛接受。这一有害的观念所产生的一个后果,是男性和女性黑人仍然难以适应彼此的人性。"②

黑人世界里所谓现代家庭萌生的条件事实上是围绕压迫者所设定的规则而组织的社会生活,以及各家庭成员碎片般的存在:"父亲"是甘蔗种植园的奴隶,或正在做苦工;"母亲"是佣人,生养未来劳动力的种母马和发泄性欲的工具;"孩子"则是免费劳动力的保证。对非洲人家庭的这种有计划的"核心化"始于殖民者,后又被根据世界经济的发展而成功地实现各种独立运动的政府所继承。这种去人性化的进程导致了当前仍主宰黑人世界婚姻关系的互不信任和相互蔑视。

让人们不再自我憎恨,使人们摆脱几代人以来所累积

---

① 科内尔·韦斯特(Cornel West, 1953—),美国哲学家、学者、社会活动家和公共知识分子,美国民主社会主义者组织的重要成员。他先后在哈佛大学和普林斯顿大学拿到硕士和博士学位,是第一个在波士顿大学获得哲学学位的非裔美国人。他目前在纽约城大学和巴黎大学任教。他发表了大量著述,其中影响最大的是《种族问题》(*Race Matters*)和《民族问题》(*Democracy Matters*)。——译者注

② bell hooks, Cornel West, *Breaking Bread: Insurgent Black Intellectual Life* (Boston: South End Press, 1991) 12—13.

的心理挫折的罗网，以及使人们重新以人性化的方式来看待自己的婚姻伴侣：这些都是黑人性运动在伦理层面的当务之急。利奥波德·赛达尔·桑戈尔在一首著名的诗中表达了它们的精髓。

> 赤裸的女人，黑肤色的女人
> 你的穿着，是你的肤色，它是生命；是你的体态，它是美！
> 我在你的保护下长大成人；你温柔的双手蒙过我的眼睛……
>
> 赤裸的女人，黑肤色的女人
> 肉质厚实的熟果，醉人心田的黑色美酒，使我出口成章的醉……
>
> 赤裸的女人，黑肤色的女人
> 我歌唱你的消逝的美，你的被我揉成上帝的体态
> 赶在嫉妒的命运将你化为灰烬以滋养生命之树以前。①

不过事情已经发生了很大的改变。虽然黑人世界压迫

---

① Léopold Sédar Senghor, "Black Woman" in Donatus Ibe Nwoga, *West African Verse: An Anthology* (London: Longmans, 1967) 96—97. 中文翻译引自《桑戈尔诗选》，曹松豪、吴豪译，北京：外国文学出版社1983年版，第12—13页。

妇女的记忆仍然历历在目，但现在许多人正在将自己解放出来。她们拒绝自己继续被绑在历史的锁链之上，她们正在走出格里桑所谓的"残忍的原始堕胎"，她们已经不再是婚姻生活的受害者，而是成为征服者。她们希望远离她们的母亲和祖母所经受的无数次挫折，她们为此将自己从爱情的幻觉中解放了出来，因为这种爱情经常会导致软弱和虚荣。她们相信真正的爱情首先需要的是自尊。

这种哲学方法并不是新出现的事物：那些不屑于被人所爱和鄙弃情感泛滥的非洲女性，可以将她们的婚姻观念重新与欧洲人入侵之前在她们的社会中决定夫妻角色分工的观念连接起来。正如历史学家格洛里娅·朱库①所言："殖民统治者带着西方在性别问题上的陈规旧习来到了尼日利亚。他们依照所谓'妇女的脆弱性和依赖性'的观念来对待尼日利亚女性。西方教育的目的在于培育贤妻良母，并且鼓励女性从事家庭事务，因为女性的角色被认为

---

① 格洛里娅·朱库（Gloria Chuku），美国马里兰大学巴尔的摩分校非洲研究中心副教授，主要研究领域为尼日利亚伊博族历史与文化、性别研究、尼日利亚和非洲的妇女与政治经济学。她曾先后出版了三本专著，分别为《尼日利亚东南部伊博族女性与经济变迁，1900—1960》《伊博人的学术传统：非洲人思想与非洲移民思想的创造性冲突》和《非洲与移民的种族性、民族性和跨文化代表》。——译者注

应仅限于家庭之中。然而，在伊博人的传统社会中并没有所谓全职家庭主妇的概念，而在殖民时代，伊博族女性仍然一如既往地在家庭之外劳作。"①

G. J. 戴伊②对加纳一些村庄中的女性的行为所进行的研究以及其他一系列专注于非洲夫妻双方经济角色分工的研究均证实了朱库的分析。女性在家庭内部拥有自己特定的权利和义务，尤其是担负着食物制作和教育孩子的责任，而男人则去从事一些不那么"高贵"的工作。因此，通过重新与她们前殖民社会的价值秩序相连接，非洲女性似乎已经发现了解放的道路，以及再次占领她们在社会舞台和道德领导层面的位置并迫使男性对她们加以尊重的方法。然而，在此过程中，她们并没有忘乎所以地沉迷于所谓快乐的婚姻生活。意见调查显示，对她们而言，衣橱要比性生活重要得多。这是生活在虚无主义之中的一个再好不过的例子。

---

① Gloria Chuku, "Women in the economy of the Igboland, 1900 to 1970: A survey," *African Economic History* 23 (1995) 39.
② 乔治·J. 赛法·戴伊（George J. Sefa Dei），多伦多大学社会学系教授。他的著作包括《反殖民主义与教育：抵抗的政治学》（与阿罗·康菲共同主编）和《教育非洲人：通往越界教育学》等。——译者注

性高潮的真相

电影不仅可以很好地展现非洲女性对性生活的看法及她们的权力观念，还可以更广泛地揭示她们与权威的关系、社会阶级的重要性、社会中不同年龄群体的关系，尤其是定义她们身份的新方式。喀麦隆导演让-皮埃尔·贝克洛的电影《流血的青春》（*Les Saignantes*）对此进行了完美的诠释。在开场镜头中，你会看到一位年轻女子正在同一个老人以杂技般的姿势疯狂地做爱，而这个老人正是内阁秘书长。由于过度兴奋，再加上那位年轻女子大胆的性爱，他的心脏很快便停止了跳动。那个女人在短暂的惊慌失措之后，很快便恢复了理智——就此而言，她其实从未真正丧失理智，然后让她的一个朋友帮助处理受害者的尸体——顺便说一下，在此之前她洗劫了他的钱财。这部电影是这种冒险行为在这一极度堕落的世界中的一部狂野且黑暗的编年史。

就像几乎所有小成本制作且声称其与西方评论界所熟悉的审美不同的非洲电影一样，这部电影长片的艺术和技术品质也受到了人们的广泛讨论。这部假定发生在2025

年前后的雅温得的讽刺性寓言故事引人注目的地方，在于非洲女性自身观念的转变。作为她们被净化的形象和她们与生俱来的脆弱性的长期受害者，她们被贬低为处于历史边缘的性爱工具。因此，她们只在作为人类学家的研究主题时是有用的。受民族学家不知是真是假的同情所影响，她们成了有正义感的人所怜悯的对象和女权主义与非洲主义眼中的主要贸易品。塞内加尔导演乌斯曼·塞姆班的电影《单身母亲》（*Faat Kiné*）和《穆拉戴》（*Moolaadé*）也承认非洲存在这种二元对立的男女关系，这种关系让女性时刻牢记她们只是二等公民，因为她们无法为了个人利益而为非作歹。然而，那种非洲女性作为男性欲望的囚徒和在性快感中缺乏自信的经典形象现在已经完全过时。

在《流血的青春》中，性欲并不仅仅被表述为令米歇尔·福柯①着迷的"生物权力"中的一个要素。它首先是用来表达人们希望成为何种人，认为自己有权拥有何种社

---

① 米歇尔·福柯（Michel Foucault，1926—1984），法国哲学家、社会思想家和"思想系统的历史学家"。他主要从历史发展的维度，关注知识与权力的关系——权力怎样通过话语权表现出来，并配合各种规训的手段将权力渗透到社会的各个细节中去，比如监狱制度、性问题等。他的思想对文学评论及其理论、哲学（尤其在法语国家中）、批评理论、历史学、科学史（尤其是医学史）、批评教育学和知识社会学有很大的影响。目前国内已经出版他的多本著作，其中包括《知识考古学》《疯癫与文明》和《规训与惩罚》等。——译者注

第一章 欲望的谋略：婚姻的政治经济学

会地位等真相的要素。从这个意义上来讲，它是确保一个女人展现她所希望建立的形象的要素。它是一种假想身份的重要组成部分。因此，它有着自我关心和自我主体化的意涵。在此我们正在远离政治哲学家在衡量性欲时通常所讨论的那些问题：对统治方式的分析，关于身体的生理组织的话语，性取向和性行为的重要性，等等。谁能想到这些没有文化且相当于半个妓女的非洲女性会如此具有创造性地更新了政治经济学中的一些基本问题？

然而，在非洲和黑人世界里谈论性话题仍然是一件敏感的事情：这一主题经常会被源自奴隶贸易时代的种族政治神话所创造和传播的幻想和神话以及受压迫的记忆所搅扰。因此，要想在避免笼统下结论的情况下对相关行为加以理解并不是一件容易的事情。必须要避免窥视行为和陈词滥调的双重陷阱，还要在西方关于"黑人性欲"的集体幻想所激起的"种族主义"话语和许多非洲作家出于"政治正确"的考虑而使用的简单且自我鞭挞的话语中间找到一个"中间地带"。科内尔·韦斯特提醒我们，在美国，集体性沉迷与对黑人性欲的恐惧犹如一对孪生兄弟。然而，要想在种族主义问题上进行建设性对话，就必须打破这一禁忌并除去这一主题的神话色彩。

非洲人关于性的公共话语同样也充满了虚伪。一方面，社会宣称重视伦理主体，从而使这一主题成为禁忌。性首先被视为繁衍后代的媒介。它被降低为婚姻和夫妻之间的责任，且被赋予了重要的精神意义。国家宣扬节制性欲，并通过相关法律以允许政府去干预其公民的私人生活。官方还不信任那些被视为非传统的娱乐方式，并强调它们会腐蚀一个人的灵魂和命运。这导致人们对任何可能被视为对"非自然"性行为的无法接受的民主化的事情都会产生集体焦虑。

另一方面，则是对最为荒唐可笑的性行为的狂热崇拜，甚至赋予了它们神秘的美德。性高潮拥有法律所不知道的真相。集体幻想的核心是用复杂的技巧来实现性愉悦。这导致人们醉心于色情读物，从而使其成为似乎很难破产的经济部门之一。喀麦隆漫画家波波利表示，公众最渴望得到的他的漫画作品，都是那些讲述最热辣的性爱故事的作品。沃林斯基①本来可能会证实这一说法。

事实上，非洲社会的独裁者通过规范性行为来进行道德说教的尝试反映了政治的性欲化和性欲的政治化。性被作为选择、排除和主宰的工具，以及确认身份（通过女

---

① 沃林斯基（Wolinski），法国漫画家和连环画作家。曾供职于法国讽刺漫画杂志《查理周刊》，在2015年1月7日《查理周刊》巴黎总部遭遇恐怖袭击事件中身亡。——译者注

性）和权威（通过男性）的媒介。性欲因此而经常成为通往政府高层或获得财富的通行证。在当前的价值秩序中，同性恋经常遭到严厉谴责。它不但为法律所禁止，而且被认为是与"非洲传统"和社会准则相背离的道德低下的标志。就像上文性别歧视的例子一样，对同性恋的偏见实际上也被用来驱逐我们内心所隐藏的对它的恐惧。它由此而成为保护所谓男性气概的"避孕套"。

但一个人要想利用他的身体来获取社会肯定，并不需要成为一个同性恋者。在那些将异性恋确立为官方性爱模式的国家，各种类型的政治和宗教领导人、知识分子以及高层人员均公开宣扬节制和禁欲。他们宣称，人们必须摒弃肉体的欢愉。然而，他们自己并不遵守这些清规戒律。按照人所共知的不成文的社会实践和规范，男人要想有面子，就要娶几个妻子——法律承认一夫多妻制——或至少找几个情人。媒体经常报道许多年轻女子为了在一些企业中事业有成，就必须满足她们上司的性幻想。这类事情如此普遍，以致不再被人们视为丑闻或引起人们的愤慨。在大学或中学也是如此，许多女学生不知羞耻地与她们的老师调情，而且就像是碰巧一样，她们通常会在考试中取得最好的成绩。顺便说一句，这不是正好证明或许教师只对那些美丽动人的学生感兴趣吗？……

而且，并不仅仅只有教师和那些坐着高级轿车、听着莫扎特的鸣奏曲、行驶在杜阿拉或金沙萨满是车辙的大街上的哗众取宠的精英们希望提升肉体的欢愉，下层的人也是如此。他们希望藉此摆脱日常生活，将贫困抛诸脑后，并为自己创造一个不同的世界。普遍情况下的物质贫困似乎与官方的禁欲主义文化产生了冲突。这些情况似乎证明了享乐主义行为的合理性。对性高潮的赞美几乎是一种集体的哲学野心：这是在承认磨难与死亡的不可避免性，这是在品尝蔑视他们所带来的幸福，这是每天都要竭尽全力去实现的涅槃。还有什么又比这"醉生梦死"更好的呢？（西奥兰语）

第二章　餐桌上的哲学：我吃故我在

> 有些人追赶欢乐如此之性急，以至于匆忙中气喘吁吁地错了过去。
>
> ——索仁·克尔凯柯尔德①

> 低俗的令人兴奋之处在于以冒犯别人来获取贵族般的愉悦。
>
> ——夏尔·波德莱尔②

---

① 索仁·克尔凯柯尔德（Søren Kierkegaard，1813—1855），丹麦哲学家、神学家及作家。他被视为存在主义的先驱，20世纪的存在主义者，如萨特（Jean Paul Sartre）和卡缪（Albert Camus）等都深受他的影响。他一生著述丰富，共有40多部作品，分别涉及哲学、心理学、宗教和基督教等诸多方面，比较有代表性的包括《恐惧与战栗》《焦虑概念》《爱情论》《基督教话语》和《死病和基督教行为》等。——译者注

② 夏尔·波德莱尔，全名夏尔·皮埃尔·波德莱尔（Charles Pierre Baudelaire，1821—1867），法国19世纪最著名的现代派诗人，象征派诗歌先驱，代表作有《恶之花》《巴黎的忧郁》《美学珍玩》和《可怜的比利时!》等。——译者注

每隔一段时间，非洲"轻音乐"就会为民众提供一首通常索然无味的流行歌曲，这种歌曲拥有基本不间断的双数节奏，虽缺乏微妙的和声，但拥有模糊的迷人旋律和歌手似乎完全不在乎自己是否跑调的沙哑尖叫。就此而言，其神韵与法国和美国的轻音乐非常类似。在纽约和巴黎，"流行"低俗歌曲的重要特征似乎是其能够呈现集体性迷茫，而非其精妙的旋律。但是在阿比让或金沙萨，流行歌曲之所以能够点燃情绪和带动听众，是因为它们有时所具有的讽刺意味给予了它们一定的真实性——一种抓住时代氛围的能力——甚至道德意图。

科特迪瓦歌唱组合魔法体系的歌曲《安图》（Antou）之所以取得成功，完全得益于其希望展现当下大众道德之主要特征的野心。它讲述了一个年轻女子仅凭购买力这一标准来挑选爱人的故事。有鉴于此，她经常会做出错误的分析，比如有一次她为了一个更富有的男人而抛弃了一个虽然爱她，却一无所有的年轻歌手。当获悉这位前男友的音乐生涯出人意料地飞黄腾达之后，她想尽一切办法来让他重新投入自己的怀抱。那位年轻人比她更聪明，他带她去吃晚饭，承诺他们将会吃炖凯门鳄和大象肉根珍奴[①]等

[①] 科特迪瓦的一种食物，其制作方法是将木薯或山药捣成发粘的面团，加上肉类（通常是鸡肉）及一种叫做根珍奴（Kédjénou）的蔬菜的汁。这首歌中用大象肉代替鸡肉，是为了突出其讽刺意味。——译者注

凭空想象的豪华菜肴……他因此而取笑她的饮食习惯，并将这比作她做梦都不会有的奢望。这首歌的著名副歌部分经常被撒哈拉以南非洲大城市穷人聚居区的孩子们传唱，其歌词内容如下：

> 我说宝贝你想吃什么
> 她毫不犹豫地说想吃炖鸡肉
> 我说宝贝你想吃鸡肉是吗
> 但鸡太小了，你根本就吃不饱
> 我要请你吃炖凯门鳄
> 我要请你吃大象肉根珍奴
> 她说她生气了，然后她回家了……

没有人可以指责为何作者要创作这首流行歌曲。但这首歌提出了一个有趣的哲学问题：饮食是一种单纯的行为吗？对于这个故事的女主角安图不是，对于许多不需要读西奥兰就能意识到一日三餐之潜在意义的非洲人而言也不是。在移民法国之前，这位《苦涩三段论》的作者经常"像动物一样无意识地吃东西，从未注意饮食背后的意义"。到巴黎之后，他住在拉丁区的一个小旅馆里，他看到旅馆经理、他妻子和儿子每天早上都会聚在一起决定吃什么；"他们就像制订作战计划一样研究菜单！"他从此明白了"饮食也是一种仪式，一种文明的行为，甚至几乎是一种哲学宣言……"①

  安图关于晚餐菜单的哲学向我们讲授了什么？她首先提醒我们，在所有的人类社会，消费模式在任何时候都是权力的有力象征。一个人所吃和所消费的东西，即便没有确定他的身份（以及他在社会阶梯中所处的位置），也确定了他希望获得何种身份。她还使我们注意到了几种将与饮食有关的问题概念化的方法。第一种在社会科学中流行的方法受到了对消费和消费主义社会批评的启发，其通过探寻不同行为体的动机及其相互之间的权力关系，从而寓于对生产和分配的政治学的分析之中。这种方法——通常为二元对立的——一般为研究饥饿问题的地理学家和社会学家，以及营养学家和微观经济学家所采用。另外一种方法则像罗兰·巴特那样，主要关注的是对食物关系所揭示的权力价值观与权力仪式进行详细阐述的模式。安图的故事为我们提供了一个探讨可以在非洲人的餐桌习惯中看到的虚无主义感官享受的机会。

---

① Emile Cioran, *Entretiens* (Paris: Gallimard, 1995) 28.

通过感官享受来教化

任何对饮食以及对更广泛的日常文化体验的经济学含义的思考，均会马上得出与人类学家和社会学家截然相反的观点。以列维·斯特劳斯为例，他在特别针对拉丁美洲的印第安人社群进行实证研究的基础上，认为有时无形的内部一致性体系可以解释消费习惯。他毫无疑问用大量的直觉描述解释了逻辑系统、饮食功能、饮食禁忌及其理由，以及相容性和不相容性等问题。他强调了每个社会在与饮食有关的仪式和习惯管理方面，以及在遵守可以在他们中间感知的特定世界秩序方面，都设定了相关规则（有时并未成文）。他的结论是：烹饪"是各个社会用以将信息进行编码，从而确保其至少可以部分表示其为何物的一种语言"。

但他的分析读起来似乎注定是一成不变的，而且在他展现给我们的社会中，其社会秩序似乎从未改变，其行为体几乎总是被动的接受者。这就好像每种饮食模式都在万物"正常"秩序业已确定的名册上拥有自己的位置。但就像所有自我表达的媒介一样，食物的语言也是一种社会组织的工具，也需要进行不断的探问和调整。因此它并不像列维·斯特劳斯所认为的那样牢固。安图的故事也证实了这一点：在阿比让或金沙萨，饮食习惯无疑具有重要的意义。为了向世界清晰地表达一个人定义自己的方式以及希望如何被他人所看待和对待，就需要在特定的地点、特定的时间，以特定的方式去吃特定的食物。在一个人选择吃什么和怎么吃这一问题上存在着主观能动性，这与人类学家所津津乐道的静态观察形成了鲜明的对比。

皮埃尔·布迪厄①对这个问题进行了更为动态的分析，他坚持将社会阶层化为社会阶级，并坚持认为资产阶级的审美品位与下层阶级所谓粗俗的品位截然相反。安图的行为在此提示我们要避免任何形式的二元对立。与世界上的任何其他地区相比，非洲社会群体的边界都要更不确定和更具渗透性。中产阶级与穷人在饮食习惯上的系统对立通常并没有太大意义，因为这种对立很不稳定：每个人都竭力（或在某些场合被迫）去展现相同的消费习惯。如果

---

① 皮埃尔·布迪厄（Pierre Bourdieu，1930—2002）又译为布丢，法国当代著名社会学家。他是法兰西学院唯一的社会学教授，与英国的吉登斯（Anthony Giddens）和德国的哈贝马斯（Jurgen Harbermas）并称为当代欧洲社会学界的三杰。他的主要著作包括《实践理论大纲》《教育、社会和文化的再生产》《语言与符号权利》和《实践与反思：反思社会学导引》等。——译者注

仅仅是一顿晚餐的话，一个贫穷的年轻女子会毫不犹豫地点一份炖鸡肉，然后像资产阶级一样吃掉它。如果她的前男友嘲笑她，建议她点炖凯门鳄或大象肉根珍奴的话，那就太糟糕了……

此外，每个社会决定一个人吃什么的因素也大相径庭，因为它们往往与需要（气候与地理）和传统（历史与文化）有同样的关系。很多因素仍然毫无道理和神秘莫测。在此还应该注意的是，消费习惯是在文化内核不断演进的背景下得以展现的。当前似乎在萨赫勒非洲的大部分地区成为主食的大米，引入这些地区的时间还不足一百年。中部非洲的班图人每天都吃的面包，仅仅回溯到殖民统治时期，还是他们遥不可及的幻想的重要组成部分。当前作为完成和见证非洲人成长过程中的一些最为重要的仪式的威士忌和香槟，情况也同样如此。

因此，饮食从来就不是一种简单和毫无意义的行为。在任何时间和任何地方，人类总是会赋予这一生理需求以象征的重要性和几乎形而上的意义。作为社会交往的媒介，以及与此同时作为重新界定和证实个人身份和集体身份的背景，饮食行为一直是家庭和社会群体在当前社会秩序下交换与共谋的标志和解析权力关系的方式有关的意见的场所。显而易见，这一行为在饥荒和贫穷的地区具有特殊的重要性。在那些地区，选择食物与体验和接受它们的方式变成了常人无法时时企及的奢侈品。同样，拒绝吃某些种类的食物或剥夺自己吃某些种类食物的权利也表明了不同的进化阶段和社会道德规范。

对于每天晚上有数百万人伴着饥饿入睡的非洲而言，饮食并不仅仅是生理方面的需求。在那些社会想象为物质紧缺所主宰的国家，这是一个释放与满足的时刻。饮食还是一种带有自我实现技巧的方式，也就是说，它是一种实现和处理个人与自身关系及与他人关系的方式。因此，归根结底，它是自知之明的一种社会制度化模式，是主观性的一种构想。由于超越了单纯的强烈欲望，因而饮食行为可以被解析为希腊人和罗马人所孜孜以求的"性欲"（aphrodisia，能够产生愉悦的行为、姿势和接触）中的一种。

食物供给的地点和仪式也能够揭示文明的道德规范。饮食因此可以采取一种亲密和私密的方式，允许一家之主去构建家庭内部的对话和关系（男人与女人之间，父母与子女之间，等等）。它还可以采取半私密的方式，为一个社会群体的成员就或琐碎、或敏感、或严肃的主题进行交流提供机会。这种方式通常会在友好的氛围下进行，围绕饮食仪式所组织的对话发挥着调剂作用，而专门准备的饮品则有利于缓和紧张气氛。最后一种是公开的方式，在这种情况下，饮食被改造成为真正的宴会，相较于膳食本身的象征性、菜单的质量、宾客的身份和社会地位、宴会地点的隆重性、气氛的严肃性，以及现场背景音乐的种类，等等，到底吃什么已经不再重要。

保罗·韦纳①在《私人生活史》（*A History of Private Life*）中的文章指出，宴会从罗马帝国时期开始就被视为一种文明的礼仪。它是一个人显示自己的品味并将其展示给他的同僚的场所。"宴会不仅仅是一顿大餐。宾客被要求就一般话题和高贵的主题发表他们的见解，或简单介绍他们的生平。如果主人的家中雇有哲学家或家庭教师，他就会被要求发表演说。每道菜的间隙可能会响起为宴会所雇的专业音乐家演奏的音乐（为跳舞和唱歌伴奏）。［古典的宴会］既是社会表现的舞台，又是吃饭和饮酒的场所……"② 宴会因此既被用于显示自己在家庭或个人社交圈中的地位，同时又为公众人物提供一个向其同僚展示自

---

① 保罗·韦纳（Paul Veyne, 1930—），法兰西公学院荣誉教授，法国当代最出色的希腊—罗马史研究专家之一。他的主要著作包括《古希腊人是否相信他们的神话》《我们如何书写历史》和《古罗马的性与权力》等。——译者注

② Paul Veyne, "The Roman Empire," in Philippe Ariès and Georges Duby, eds., *A History of Private Life*, Vol. I (Cambridge, MA: Belknap Press of Harvard University Press, 1987) 188—189.

己的机会。

在19世纪法国资产阶级的仪式中也可以发现相同的动机：就餐并不仅仅是吃东西，它还在创造快乐。塞纳特夫人的《妇女手册》（*Manuel des Dames*，1833）就此指出："不能只有在客人来的时候才去注意餐桌的礼节，为了使家庭变得文明，对自己的丈夫也要讲究餐桌礼节。我是特意使用这个词的；因为所谓文明，是为了使所有人都满意而赋予我们的需求以快乐和高贵的特性。"

实际上，食物消费的神秘性通常与减少一个人所感受的尊严欠缺，以及与个人和集体的身份认同有关。对世界各地消费决策的实证研究证实了这一观点：消费习惯会随着收入的增加而改变，而且其表达了对自身的某种关心。一个社会变得越富有，它的人民就会消耗越多的营养，那些营养的来源就会发生越大的改变。例如，对中国北部地区食品与营养需求的经济计量估计表明，随着家庭收入的增长，食品支出也产生了重大的变化。谷物作为营养来源的重要性正在日益降低，取而代之的是肉类等更为昂贵的食品。印度在口味与饮食偏好方面也发生了相同的改变，相关研究表明随着生活生平的提高，印度人民正在放弃消费谷物，取而代之的是奶制品和肉类。

营养学家和经济学家可能会对他们的发现感到满意。

但哲学家则必须尝试去发现它们的意义以及餐桌美学所表达的伦理结构。当然，食品支出结构的一系列变化所反映的并不仅仅是生活水平的提高，它们还契合了世界各地所有社会阶层饮食习惯的普遍变迁。通过跟踪世界各地麦当劳餐厅数量的增长率可以发现菜单与就餐方式趋于标准化，而这种标准化至少在一定程度上表明了口味与文化的这种普遍的西方化。但抛开社会学方面的考虑，饮食选择还具有其他重要的意义。

在世界上的那些因缺乏食物而蒙受耻辱的地区，一个人吃什么通常是强有力的身份认同工具和权力的象征。喀麦隆人用"吃饭政治"来表示在集体的潜意识下，对个人积累战略与社会定位的认知，以及进入统治机构并因此而获得自身合法性的方式。一个人吃什么展示的是一种权力的文化，表达的是一种慷慨的风气，同时它还是归属某一关系网络的仪式。这首歌的女主角安图根本就无须为她通过自己的饮食品味所展现，并被她的年轻爱人所讽刺的伦理野心感到羞愧：她的选择表达的是一种自尊的人生观和对高贵的追求。

享乐的美学与社会伊壁鸠鲁主义

口腹之乐的美学还与地点和环境有关。一个人必须去杜阿拉或雅温得参加一场在"社会"婚礼场合上组织的宴会,才能评价占有与存在的这种象征意义。这些通常会吸引整个国家私营部门、行政部门和政府高层人员的宴会,一般会在星期六的晚上举行,其庆典的进程有时会持续几周的时间,绝对堪称典范。豪华、显赫与奢侈不仅是判断庆典"成功"或"失败"的标志,而且彰显了新郎新娘及他们的家庭希望在社会阶梯中占有的位置。

双方家庭通常都会倾其所有来组织宴会,被邀请的人们既是来观看,又是来被观看和被称赞。因此无论是组织者还是宾客,都会提前很长时间做准备。宴会场所是精心挑选的,因为它应当反映双方家庭希望赋予这场婚礼的重要性和庄严性。因此,这个国家最大的宴会厅会被预订下来:上流阶层只有在这个国家最宏伟的国会宫会议中心或最奢华的希尔顿酒店举办结婚晚宴,才会被人们认为是取得了"成功"。

晚宴的详细流程通常是事先拟定，印在蜡光纸上，与用上等板纸制作的请柬一起发放。至于最为沉闷的正式仪式，则通常都会要求不同级别的客人在不同的时间准时到达。新婚夫妇及其家人落座的首桌附近通常是专门预留一些位置给最为尊贵的客人。这些贵宾大抵是某位部长，某个将军，当地的亿万富翁或费曼①——最炙手可热且为人所津津乐道的罪犯。决定这些人尊贵程度的因素是他们的影响力和他们所拥有的财富，而非他们可能具有的道德与社会领导才能。

伴郎与伴娘均穿着专门为婚礼定制的同款服装迎接宾客，并将他们引领到预留的餐桌旁边。每张桌子上大约有十套餐具——都是与最高档的婚礼相匹配的里摩日瓷器和昆廷银器——以便客人相互交谈，并选择最好的白兰地作为开胃酒。宴会大厅通常用新郎或新娘家族的颜色加以装饰——一般是哪家更富有便用哪家的颜色，而不会考虑传统或家族的因素。事实上，在这些重大仪式之前的筹备会议上，双方家庭的代表会进行激烈的讨论，以便确定哪家可以邀请更多的宾客，或者哪家需要承担当晚主要活动的

---

① "费曼"（Feyman）是喀麦隆当地人民生造的一个词，用来形容那些善于通过各种伎俩来欺骗天真的政治家的高智商的成功骗子。——译者注

开支。

为了让庆典尽可能正式，有时会聘请专业主持（电视台主持人、滑稽演员和知名艺术家）来活跃气氛。如此一来，晚宴就会不时被娱乐表演和滑稽短剧所打断，而这些都是为了让宾客高兴和放松，并以此展示婚礼双方家庭的功德。在晚宴的过程中还会进行抽奖等碰运气的活动，以便将礼物分发给一些幸运的人。

当所有宾客都落座后——通常需要好几个小时的时间，因为宾客总是很多，并且要根据邀请函上标注的时间从晚上8点到凌晨1点依次到达，开胃酒便被端了上来：威士忌、香槟和红酒。通常会有一方家庭特意到法国订购一批红酒或香槟，并将自己的名字印在商标上……于是人们便会喝到印有"××家"城堡和婚礼所在年份的波尔多红酒。

宴会是一场隆重的仪式。首先是开胃小菜，但这些小菜既不符合当地的饮食习惯，也不属于流传最广的烹饪口味，人们所痴迷的，只是它们富有魅力的名字：品质最好的烟熏鲑鱼、鱼子酱和鹅肝酱；用最好的调料调制的法式沙拉。然后是种类繁多且分量十足的主菜。接下来是来自法国、荷兰和瑞士的奶酪，以及各类甜点，最后的高潮是由当地最好的糕点师傅专门制作的著名的婚礼蛋糕，吃的时候还会配上上好的法国香槟……

祝酒和演讲也是必不可少的一个环节。不时会有兴奋异常的客人站起来,似乎为了取悦别人而夸夸其谈。无论是赞美新婚夫妇和他们家人的演讲,还是围绕爱情哲学所开的各种玩笑,人们都会在友好的气氛中报以笑声和掌声。所有这一切都会不时地被精心挑选的音乐表演所打断。有时为了确定那些衬托宴会的乐曲的先后顺序,甚至要事先开会讨论。

几乎没有宾客会对晚宴的亮点——古典音乐真正感兴趣。但所有人都知道它在这种场合的重要性:这是成功的标志。因此,所有宾客都会认真且安静地聆听莫扎特的柔板或贝多芬的小提琴协奏曲,尤其是贝多芬,他的《第九交响曲》非常流行,因为人们知道它还被称作《欢乐颂》……幸运的是,这一环节不会持续太长的时间:它就像一场稍微有些令人讨厌的幕间音乐演奏,人们之所以还能容忍,是因为它已经成为仪式不可分割的一部分,而且在古典音乐的幕间休息时间,通常会穿插喀麦隆或刚果歌曲。如此一来,人们就从17世纪宗教清唱剧令人倦怠的曲调转向喀麦隆最新的硬派风格歌曲《马科萨》(makossa)或刚果最不浪漫的歌曲《恩冬波罗》（ndombolo）喧闹的旋律。亨德尔①和蒙特威尔第②与科菲·奥罗米德③登上了同一舞台。当庆典的主人告诉音乐DJ"快！快放开胃的音乐！快放让人们胃口大开的音乐！"的时候，人们不禁会想起在电影《美食家》（L'aile ou la cuisse）中，路易·德·菲奈斯④在吃到一半的时候大喊："不，不要瓦格纳！瓦格纳配的是餐后甜点！"

  不可否认，这种类型的婚礼晚宴仅限于城市里的上层阶级。即便不是每个人都有财力来举办这种盛大的婚礼，许多属于不那么富裕的社会阶层的人，也会尽力复制这一

---

  ① 乔治·弗里德里希·亨德尔（George Friedrich Handel, 1685—1759），英籍德国作曲家。他生于德国哈雷哈勒，先在教堂内任管风琴师及艺术指导，后于1703年迁居汉堡从事歌剧的创作。1706年后，他在汉堡威尔及伦敦两地进行创作，不久成为英国的音乐权威人士。他一生创作了大量歌剧、颂歌、奏鸣曲、风琴曲，以及教廷音乐和音乐小品。他的代表作包括《水上音乐》《皇家烟火》和《弥赛亚》等。——译者注

  ② 克劳迪奥·蒙特威尔第（Claudio Monteverdi, 1567—1643），意大利作曲家，巴洛克音乐的早期代表，对歌剧、和声学和交响乐的发展都有深远影响。他的歌剧被认为是历史上的第一批歌剧，其中《奥菲欧》和《波佩阿的加冕》等绝对堪称精品。此外，他还创作了大量牧歌集、宗教牧歌和三重唱等音乐作品。——译者注

  ③ 科菲·奥罗米德（Koffi Olomidé），刚果（金）著名歌唱家、作曲家和制作人。1956年生于金沙萨，1977年开始演艺生涯，目前已发行26张专辑。——译者注

  ④ 路易·德·菲奈斯（Louis de Funès, 1914—1983），法国著名电影导演、演员和剧作家，成名作是《穿越巴黎》（La Traversée de Paris），另有代表作《虎口脱险》（La Grande Vadrouille）。——译者注

模式。即使他们的婚礼比较简单，菜单比较适中，宾客比较普通，但狂欢的倾向对于穷人而言也是一种社会性反应。他们也认为饮食的地点和仪式具有明确的哲学意义。在贫穷的社区，人们难得一次犒劳他们自己的宴会，通常都是在庆贺亲情和友情以及提升集体自我的时候。

口味的伦理与道德意义

饮食具有伦理与道德的性质。宴会与狂欢具有一定的道德规范，也就是说，存在着一系列社会机构（家庭、教会、政府）为公民的私人与公共庆典所制定的未成文的价值观和行为准则。这种庆典的道德规范进而会导致每个人存在与行为的方式有意或无意地具有"行为道德"。个人道德是每个公民融入当前各种各样的规定和自由地成为更大的社会规范之道德主体的方式。安图的饮食道德规范显示了这一从属性和每个公民感觉有义务践行社会规则和社会价值体系的方式。撒哈拉以南非洲的这一试图将一个人的生活变成一门艺术的道德规范，既拥有实质性的"性欲"，又拥有情欲、色欲和肉欲。尽管如此，这并不是盲目地遵从社会规范；它是个人的审美与哲学选择。

饮食也是自我的审美。在非洲地区，饮食行为彰显了好几种截然相反的道德观：剥夺的道德观，其表现为一丝不苟地遵守社会准则和服从那些有权裁定人们在各种情况下的行为是否恰当的人的命令；撒哈拉以南非洲新的道德观，其以道德规范为核心，以通过改变自己的生活来享受人生为准则，且通常具有审美情趣。作为一个叛逆的年轻女子，安图拒绝良好的教养、良好的是非之心、保守的饮食习惯和对她口味的责难，她的态度表明这两种道德观之间的裂痕成为一个有趣的问题。它还构成了一种现代性的态度，这是从它所表达的是一种自我创造的意义上来说的。"要成为现代的，并不是非得承认自己置身于短暂飞逝的时间之流中，"米歇尔·福柯说，"而是要把自己当作某种对象，加以复杂和艰难的精心塑造。"① 这是将自己从当下流行的道德处方的影响中解放出来，并自由地根据自己的现实情况行事。然而，这种创造性的自我生产并不是为了重申独立自主这一个人主义主题的卓越性。相反，它是服从进程的一部分，但这一进程同时也带有自主性，而且是与一个人的同胞团结在一起进行的。

某些味道和气味与人的心理状态或道德准则有着非常

---

① Michel Fouault, "What is Enlightenment?", in *The Fouault Reader*, Paul Rabinow, ed. (New York: Pantheon Books, 1984) 41.

明确的联系。以"甜"为例，自 17 世纪中叶以来，其在西方国家会让人想起道德判断，而在撒哈拉以南非洲，它让人想起的却是某种形式的坦率和不成熟，甚至是脆弱和幼稚。因此，那些味道和气味"天生"是妇女和儿童的领地——对他们而言，在公共场所只能喝甜饮料，哪怕里面含有酒精。因此，女性所热衷的饮料通常是加强型葡萄酒或进口利口酒。饮用"烈性"酒，其中包括传统啤酒或进口啤酒，以及威士忌等外来烈酒，则与权力、勇敢和抵抗力等积极的价值观有关。而且，饮用"烈性酒"通常还佐以辛辣的菜肴，这象征的也是权力和男性气概。顺便说一句，这种"烈性"与"辛辣"的结合是迈向成年的仪式，是对货真价实的男性气概的肯定，是进入大男孩俱乐部的入场券。如果一个女人胆敢去喝烈酒或吃辣菜，她会受人钦佩，但也会让人害怕，而且人们对她丈夫的男性气概将产生疑问……在喀麦隆，人们会毫不犹疑地问她的丈夫："你家里谁说了算？……"

像起泡酒和香槟这样的多泡酒精饮料在某种程度上打破了这一道德秩序，因为与它们相关的礼仪超越了社会分类与社会标签。它们被用以庆祝生活的快乐，原则上每个人都有权享用它们。根据幸福的民主化原则，每个人都因此而被允许享用美味的香槟。香槟所象征的是对生活的爱好，而这正是非洲社会所常见的基本价值。起泡酒似乎本身就暗含生活的欢腾与光辉，而人们也总是向往着更加快乐和生机勃勃的生活。香槟酒瓶塞突然弹出所爆发出的声音以及紧随而至的欢呼声，这种纯净和优雅的酒精饮料所具有的严肃的透明性——它的酒精度不高不低，既不能一饮而尽，又不会让普通人一杯就醉，以及由于香槟必须冰镇饮用，因此需要保持合适的温度，所有这一切都是社会伦理的一部分和一种新的品味的仪式化。

对奢侈的狂欢这种集体狂热并没有阻碍许多公民通过选择非典型行为来获取其他形式的特性。非洲的管理和行政人员当中出现了越来越多的素食主义者——尤其是那些曾在国外留学的人更是如此。如果是在加尔各答，作为一个素食主义者并不值得人们大惊小怪，因为那里的许多人都有着这一习惯，但是在达喀尔或杜阿拉，这还是相当时髦的事情，能够使一个人将自己置于已进入那些神秘的素食主义者行列的集体幻想之中，其中包括孔子、柏拉图、列奥纳多·达·芬奇和卡夫卡。有些人之所以拥护推崇这一生活方式的宗教信仰和宗教习俗，或者是出于对一种知识上的异国情调的追求，或者是出于对与众不同的虚无主义的关注。其他人这么做，则主要是因为他们想获得一种纯洁和节制和公众形象，以帮助他们更容易地将自己与普通民众区分开来。然而这种努力似乎并没有必要:"我们有时与自己的不同,和我们与他人的不同并无二致。"(弗朗索瓦·德·拉罗什福科①语)

因此,最后,我们的好姑娘安图明白所有这一切:她的口味所展示的享乐主义首先是她为尊严而奋斗的媒介。在食物匮乏的时代,饮食不可能是一种中性的行为。除了生理的需求外,它还是表达一个人参与生存斗争,坚持生存下去,宣告一个人的勇气,在死亡面前取得一点点胜利——当然是暂时的,但同样是一种胜利——的手段;这种死亡犹如愤怒的债权人,会既狂暴又有耐心地徘徊在那里。从这个角度而言,这位年轻女子的饮食野心就可以理解了:它不仅仅是皮埃尔·布迪厄所提出的非常普遍地追求更高品味的问题;在作为撒哈拉以南非洲生活方式的重要内容的快乐原则之外,她的选择也表达了对失败、匮乏和贫苦的抗争。它们能够使她将自己提升到重要人物的位

---

① 弗朗索瓦·德·拉罗什福科(François de La Rochefoucauld,1613—1680),生于巴黎,是法兰西一个最古老家族的后裔。他共有《回忆录》和《道德箴言录》两本作品留存于世,其中《道德箴言录》对后世影响深远。该书是一系列对人们行为品质的分析和概述,揭露了人们实际上在做什么,想什么,因此类似于一部道德心理学著作。有人认为,拉罗什福科代表着法兰西民族某种相当典型的性格,即疯狂和冷静、虚荣和真诚、放荡不羁和深刻反省集于一身。——译者注

置，进入那些受人尊敬的社会群体。这里的信息非常明确：贫困既不能打碎她的美梦，也不能打击她对高贵和尊严的坚持不懈的追求。她的不切实际的口味——如果用经济理性主义的标准来衡量的话——所应得的不是蔑视，而是钦佩。抛开表面的意涵，它们从本质上表达了像费尔南多·佩索阿的主人公们那样认为尽管自己命运低微，但却灵魂高尚的人，对自我肯定的渴望和对人性加以褒奖的需求。

第三章 运动的诗学：舞蹈和音乐的想象力

> 我喜欢刚果音乐：即便在它不好听的时候，它也会对身体说话。
>
> ——索尼·拉布·覃斯

> 没有音乐，生活将是一个错误。
>
> ——尼采，《偶像的黄昏》

我对于非洲音乐和舞蹈的回忆是令人心醉的。我所能记起的是，运动表演一直装饰我的想象，并标示出我梦想的领域。我的母亲不仅会给她的孩子们唱摇篮曲，她还会将这句话变成共鸣的形式，给他们以视觉的、有时壮观的一面，从而安抚了最为叛逆的灵魂。在她做饭的时候，她会仔细观察食物在平底锅中翻滚，并在炉子旁边有节奏地跺脚以显示她的满足,或是哼唱刚果歌手塔布·莱伊·罗什洛①的《卡夫玛雅》(*Kaful Mayay*)和首都班图组合②的《马康博米巴勒》(*Makambo Mibale*)。

至于我的父亲,他对生活无节制的品位,则经常因缘由不明且感染力十足的喜悦突然爆发而表达出来。这也表现在他对肢体表达的优先倾向上,即使是在公众场合。例如遇到交通拥堵时,他会拉起手刹,下车在道路中间跳上一段舞步,就好像收音机里播放的歌曲已经让他忍不住跃跃欲试。我们在杜阿拉、雅温得、姆巴尔马约和阿科诺林加③的邻居最终都习惯了他在夜间的爆发:他会打开窗户,感受炎热夜晚的微风,然后拿起他的旧吉他,吞两口啤酒,就着不在调子上的伴奏,用他沙哑的嗓音吼出异教徒的旋律,虽然已是凌晨3点,但他从不感到内疚。

我的父母并非特别古怪。即便是在今天,他们的行为在黑人世界仍然会被认为是无害的,在这里,舞蹈和音乐

---

① 塔布·莱伊·罗什洛(Tabu Ley Rochereau,1937?—2013),原名帕斯卡尔-伊曼纽尔·西纳莫伊·塔布(Pascal-Emmanuel Sinamoyi Tabu),出生于比属刚果,非洲最有影响力的伦巴创作歌手。——译者注

② 首都班图组合(Les Bantous de la Capitale),成立于1959年,是刚果(金)音乐史上最持久、最有影响力的乐队之一。——译者注

③ 姆巴尔马约和阿科诺林加都是喀麦隆的城镇,皆位于该国中部尼永河河畔。——译者注

第三章 运动的诗学：舞蹈和音乐的想象力

构成了日常生活铿锵而又唯美的背景。这并不是因为像桑戈尔在黑人人权主义浪潮中声称的"黑人是感性的，希腊人是理性的"。简而言之，这是因为音乐对我们来说是表达真实感受的最好方式。苏格拉底在他被宣判死刑之日起开始学习音乐，也就不足为怪了……

这种舞蹈的潜在力量相当容易解释：它是最接近生活体验的艺术。它对人体刺激的程度比其他任何方式更强烈，并使其对环境做出反应。这也是一种运动理论，使得一个人可以在动能转移的过程中与他人沟通，比如说，在观众和舞者之间建立起无声却又激烈的对话。① 这种无声的亲密交流对自身而言已经足够。

音乐哲学的易读性是不明显的。不仅因为其符号方面的非话语性，更是因为它的语言和激起的情感范畴比实体文字更广泛。埃尔维斯·科斯特洛②曾警告那些试图用一种艺术媒介去表达另一种艺术的人："为音乐书写就像为建筑跳舞一样，是非常愚蠢的事情。"柏拉图在区分理性与感性、理想与艺术时，也表达了相似的看法。他认为音

---

① 约翰·马丁称，舞者的动作会创造运动刺激，观众通常会进行不易察觉的肌肉模仿，参见 *The Dance in Theory*, Princeton, NJ: Princeton Book Company, 1965。

② 埃尔维斯·科斯特洛（Elvis Costello, 1954—），英国音乐家、创作歌手和唱片制作人。——译者注

乐是另一个宇宙的媒介，是难以解释的。

将音乐的微妙和神秘以文字的方式表现出来肯定是一种冒险的尝试。但是科斯特洛和柏拉图提出的二分法在非洲并不适用，在这里音乐是离不开思想的。在金沙萨和阿比让，音乐是人们思考当前世界的重要维度，具有重要的解释作用。这一作用在今天更为重要，因为尽管受到国际艺术市场评论家的褒扬，非洲舞蹈和音乐仍然不受重视并饱受蔑视。这一蔑视的标志是：西方艺术评论家们在说起非洲音乐时几乎总是强调所谓的非洲主义——"热闹"的节奏、"欢快"的音调和"多彩"的乐器，很少赞扬其内在的音乐性。他们只将注意力集中在虚无主义哲学思想和最肤浅的方面。

我回忆起三件事，可以证明非洲音乐艺术风格的多样和哲学范围的广泛。第一件事是最近在多伦多的喀麦隆人舞会上，舞者们在恍惚中不知疲倦的动作确实让我想起了在非洲流行酒吧里顾客老练的虚无主义。第二件事与我最近听刚果音乐家罗夸·坎扎新专辑的审美体验强度有关。第三件事是我与喀麦隆人理查德·博纳①的第一次对话，

---

① 理查德·博纳（Richard Bona，1967—），出生于喀麦隆，是著名的歌手、乐器演奏家和作曲家。他是首位尝试将西非音乐元素融入到摇滚乐和爵士乐中的音乐人。——译者注

他的作品和艺术生涯反映了对因循守旧和享乐主义的拒绝，而这两点被人们系统地附加于非洲音乐之上。

舞蹈：一种虚无的祈祷

第一段回忆：我参加了多伦多的喀麦隆社区年度舞会。我本以为我受邀参加的这个舞会只是朋友们想组织的一个小型聚会，有几百个移民聚集在一起，以摆脱背井离乡的焦虑和城市生活的压力。但到了那里我才意识到这件事的不普通：舞会的主办者，多伦多大学一位杰出的电影教授，穿了他压箱底的帅气的米黄色夏季西装。如果再戴一顶博尔萨利诺帽①的话，你一定会以为他是《了不起的盖茨比》中的罗伯特·雷德福②。他的妻子花大半天时间在美发沙龙里做了一个引人注目的发型。顺便提一下，这种对于优雅的坚持，使我不得不放弃原先计划穿着的不显眼的黑色西装。

---

① 博尔萨利诺帽（Borsalino fedora）是一种兔毛做的高级帽子。——译者注
② 这里是指美国派拉蒙影业公司于1974年出品的改编自美国作家菲茨杰拉德同名小说的电影《了不起的盖茨比》，片中罗伯特·雷德福（Robert Redford）饰演主人公盖茨比一角。——译者注

几百户家庭盛装出席，涌入为舞会租用的大厅中。他们似乎决定庆祝在加拿大的离家生活给予他们的物质福利，以及对遥远喀麦隆的思乡之情，并不因其平庸的名声而感到愧疚。舞会比节目预告的时间晚开始了四个小时。没有人想过抱怨：以喀麦隆的标准，这样的表现甚至让我们就像谨小慎微的瑞士人一样守时。

喀麦隆的庆祝活动总是从宴会开始的——毕竟，我们要避免出现大家集体被饥荒的恐惧所困扰。辛辣的菜肴很丰富，来自故乡的佐料散发出童年的味道。我们吃得又快又好。然后，到了晚会组织者感到荣耀的时刻。聘请的主持人将话筒举向他们，让他们沉浸在一点点的自我标榜中，并承诺在接下来的几年里做得更好。演讲在热烈的掌声中结束，此时舞台已经空出来了，接下来开始更重要的事情：跳舞。

本来计划晚上九点开始的舞会，在午夜零点过了二十七分钟后才终于开始。早该开始了：等得不耐烦的宾客冲上舞台，以至于没有足够的空间可以容纳他们。或者更确切地说，这样其实更好。他们越是彼此拥挤着，越是欣赏着此刻的强烈感觉。他们是带着激情去的。音乐似乎渗透进了他们的身体，并展现在他们欢乐的脸上。两位加拿大女士极尽疯狂地在人群中跳舞，展示着她们已沉浸在周围的狂热之中。人类学关于手势的研究或许可以破译她们在空中挥舞着修长的手臂而做出的神秘舞姿。每个人都知道这些歌曲。歌词并没有什么特别的地方,但疯狂的人们有时会合唱其中的几句:

> 人人都为你疯狂
> 我也为你疯狂
> 我们什么都不在乎
> 福当伯!福当伯!……①

我还有印象,当我看到一个孕妇也在舞台中央跳动的时候,我的视线变得模糊了。是的,我的眼睛是不会捉弄我的:她确实在那里,活跃、专注、轻如空气。虽然她几乎足月,但这并没有减少她的兴奋程度。她比其他人更有活力地唱跳。我猜她腹中的宝宝一定想知道未来的生活究竟会是什么样的。

音乐似乎会引发不受控制的反应。在激起他们的意乱情迷之前,它首先征服了他们身体的矜持。它无视他们自身的僵硬和圆润,迫使他们做出最大胆的动作和最难以想象的扭曲。身着华服、举止矜持的女士突然变成了奔放的

---

① 此歌为喀麦隆音乐家佩蒂特·佩斯的作品《福当伯》(Frotambo),佩蒂特·佩斯(Petit Pays)是喀麦隆最成功的音乐人士,在喀麦隆家喻户晓。——译者注

羚羊。原本被认为没有运动细胞的男士则化身敏捷的猫科动物，跟着扬声器中嘶哑的咆哮或低吟的节奏，略带优雅地跳跃和跺脚。我可以很容易地想象他们打破了几项奥运会的纪录。而那持续的低音鼓声似乎来自这些男人和女人所剩的最后一点神秘感。他们轻佻的肢体动作——危险的后移、慵懒的臀摇、相互摩擦、相互碰撞、贴胸共舞、浑浊的目光中闪耀着难以掩饰的快乐、充满挑逗和暗示的舞姿——很明显，舞蹈唤醒了埋藏在他们灵魂深处的罪恶欲望。对此，我有一种预感，如果将这些灯熄灭，完全不同的事情将会发生。对于这些守法并纳税的好公民来说，跳舞不仅能使他们汗流浃背，还能让他们释放出所有邪恶的想法，那些对暴力和其他事物的可耻欲望。这使他们摆脱了隐藏在身体深处的潜在恶意。只用一首歌的时间，他们变得平和，避免了犯罪之虞。虚无主义是确实存在的："邪恶的欲望"、可耻的动机和罪恶渴望并不遥远。或许这正是庆典的秘密。毕竟，同桌的某人跟我说，这种活动使生活变得可以忍受。

就此而言，他们的舞蹈动作就像忏悔一样：在某些瞬间，我甚至觉得自己对于他们的了解比我对邻居和共事多年的同事还要多。一个匆忙的观察者仅仅会将这画面看成是对稍纵即逝的快乐的追求、对性冲动的尴尬表达和有时对身体欲望的拙劣暗示。但这些异教徒的舞蹈不仅仅是肤浅的享乐主义，也是消遣时间的一种方式。消逝的每一秒钟都是洗涤心灵、净化大脑和征服无情地逼近自身的死亡的机会。从他们欢乐的笑脸上，我意识到，虽然我们的肉体相距不过几尺，但他们的灵魂已安然在千里之外的极乐世界：在与他人的亲密接触中，发现未知的自己；或是掌握生命的节奏，即便看不到明天的希望，也要活在当下、及时行乐。他们认为悲观和乐观都是精神失衡的表象，对于良善或邪恶的追求也是完全站不住脚的。在今夜鲜活饱满的每个瞬间，在此时此地，生命需要摆脱所有道德判断的桎梏。

尽管物质安逸，他们仍然要跳舞，为了挣脱自己的躯壳，也为了逃离乏味的生活。他们跳舞以逃避过去，无论是背井离乡还是获得成功，过去仍旧是一个挥之不去的阴影，时刻提醒他们重返贫困的危险。他们寄希望于跳舞来摆脱厄运。因此，他们随意的舞姿实际上是一种虚无的祈祷：他们拒绝服从线性运动规律，他们乞求异教的神灵可以为他们提供一方免于被必然性支配的净土，以及个人或集体的命运不会被预先设定的生活。在这里，向着虚无的迅跑被表示为一种对生活之外的另一种生活的奢华庆祝，在这个想象中的地方，人们可以将不完美和无法忍受的现实抛诸脑后。

事实上，这首舞曲正像作家索尼·拉布·覃斯说的那样，在"对身体说话"，然而，这并不妨碍其对意义的表达。通过虚无主义，它也表达了一种生存伦理。对于扬声器中的歌曲作哲学解读，这并不是舞者们所感兴趣的，他们只是感受其魔咒般的力量，并完全沉浸其中。看着他们，我想起了叔本华禁欲的虚无主义，这位荒诞的哲学家和幸福感缺失的理论家说过："人生就像一个钟摆。从右到左，从痛苦到无聊。"他会很惊讶地发现，这些舞者们极少想起他的简约哲学。在多伦多的这个夜晚，幻灭感不是以温和与苦涩的方式表达的，而是以过度和过量的方式释放出来。虚无主义不应该是病态和幼稚的。相反，它应该关注无聊和邪恶的表现，以及培养一个没有幻想的享乐主义。生命是微不足道的，但这不是虐待自己，为禁欲主义牺牲的理由。因此，放荡是怀疑论的一种缩微形式。

对于其他一些人，舞蹈是走向空虚的工具，是涤荡灵魂、忘记自我并获得绝对真理的方式。在其他地方，有些人通过与世隔绝的方式来到达这种境界，他们或是使用违禁品，或是加入教派，或是进行苦行。那是愤怒的虚无主义的表现。而在多伦多的喀麦隆人社区中，人们崇尚空虚的虚无主义。更精确地讲，它包括"使自己超脱世俗的一切，并投身于这种超脱的最深处，净化那些玷污和扰乱心灵的污渍。释放自己，战胜自己，以绝对意识表现死亡，也就是清空所有东西，不留下任何牵挂，无论是一刻钟，还是一分钟"①。他们跳舞以摆脱心中编织的每日生活的虚幻梦想。他们扭动以在每一瞬间都触碰到深层真理。跳舞有助于他们永远记得，生活中没有什么得失，万物在根本上都是幻象。生活因此可以被安排得井井有条。在黎明时分离开大厅，我不禁想起赫伯特·斯宾塞②的话："态度最终由情感决定，而不是智力。"

神秘的音乐方程

第二段回忆是关于神秘的审美体验，以及能够解读另一种非洲音乐——刚果人罗夸·坎扎的音乐——的动人寓意和画面的感觉。我那天早上醒来时，怀着比平日更多的

---

① Émile Cioran, *Cahiers, 1957—1972* (Paris: Gallimard, 1997) 650.
② 赫伯特·斯宾塞（Herbert Spencer, 1820—1903），英国哲学家、社会学家。他为人所共知的就是"社会达尔文主义之父"的称号，他所提出的一套学说把进化论的适者生存应用在社会学尤其是教育及阶级斗争上。他一生著述甚多，主要著作有《社会静力学》（1850）、《心理学原理》（1855）等。——译者注

厌世感：不想做任何事情，没有力气应付上班路上那20英里的交通堵塞。有些日子就是这样的。我不得不努力去想我的那些"政治对手"的积极的生活态度，从而在我的潜意识里寻求力量起床并准备好面对这一天。

出门时，我本能地拿起罗夸·坎扎送给我的新专辑。他告诉过我，这张专辑还不是成品，他仍然在进行打磨。在我刚刚将光盘放入播放机的一刻，我感到一股电流击穿了我。奇迹在我的车里发生了，倦态和烦躁的情绪被一扫而光。我的思绪在轻舞飞扬。我可以说是像居伊·德·莫泊桑一样，不知道自己是在呼吸音乐还是在倾听芳香。我感觉自己陶醉在每个吉他和弦与桑扎琴①的音符中。我再也坐不住了。像我的母亲在炉子旁边劳作时那样，我用最大的声音哼唱起来。交通堵塞和鲁莽的司机们一下子变得微不足道。事实上，我很同情他们，因为他们无法像我一样，接触到这样的音乐。就在几分钟前，我还想远离这个世界，逃离我的生活。而现在，仅仅几个吉他和弦的功夫，罗夸·坎扎就带我回到现世，并重新赋予我生存的

---

① 桑扎琴（sanza）是非洲的一种弹拨类型的体鸣乐器，音色空灵透彻，十分动听，在撒哈拉以南非洲相当普遍。该乐器是把不同长度的金属片固定在木板上制成的，调整不同长度的金属片可以调乐器的音调，最长的金属片通常放在乐器的中间，较短的金属片（较高音）按长度依次放置于两侧。——译者注

意义。

当我走进办公室时，尽管没有音乐伴奏，我仍在唱唱跳跳，感到我的深蓝色羊驼呢西装是如此舒适。我正式的领带并不影响我的动作。我的印度裔助理，一位像特蕾莎修女一样善良诚实的母亲，放下手中的茶杯，瞪大眼睛盯着我。她以为我是宇宙舞者——湿婆舞王转世吗？我没有再注意她。我陷入了恍惚中。就像印度电影里的苦行僧一样，处于一种纯粹的悬浮状态。只有当我坐在电脑屏幕前，看到昨晚收到的一连串需要我集中全部注意力的"紧急"消息时：预计在乌克兰发生货币危机，石油价格的再次上涨将严重威胁大部分国家的收支平衡，统计数据的校正大大增加了我们的报告中世界贫困人口的数量……音乐的魔力方才消失，而我的灵魂也回到了现世。

罗夸·坎扎的音乐是忧郁之乐、欲望之乐、信仰之乐，有时会让人向往彼岸世界。没有噪音或愤怒，它使生活免于陷入阴暗的一面以及常常与非洲大陆联系在一起的赤贫中。它通过简洁的琶音精妙地奏出它的高贵和尊严，使得音符鲜明而超脱，从而使得音乐本身从音符中脱离出来。乐曲中经常出现木吉他独奏的部分，就好像要尽可能地给它提供氧气一样，听众因此很容易捕捉到它的声音。在这里，每个半音，无论是自然半音还是变化半音，这个在西洋音乐里两个音符之间最近的距离，都被转化得永无止境。它是一声叹息唤起的风声，也是只有走在热带雨林里才能听到的最细微的、回荡的、性感的呻吟。每个音符，都余音绕梁；每个音程，无论是大小音程、增减音程还是全音程，都恰到好处。百味杂陈，欲言而止，欲说还休。刚果，那个遥远的，有时甚至虚幻的国家，从来没有这么近过。

最重要的是，曲中的歌声是百变的，形散而神不散，既清澈而又昏暗，被一种充满活力的忧郁驱使着。通过高音表现出的强烈情感，热情而傲慢，当它休止时，又变得非常甜蜜，只留下它的音节继续拨动着听者的心弦。它以最无伤大雅的变音唱出一种单纯的焦虑，一种纯净的痛苦。没有喋喋不休，只是一种极度的透彻，一种朴素的风情，一种庄严的平和，一种虔诚的气氛，一种谦卑的祈求，一种对永恒的通晓和一种高贵而又平静的激情。乐句的划分带有一丝苍白而纠结的狂喜，是在劝人忏悔。带着燃烧的真诚，它会感动最鄙陋的灵魂，甚至说服一个凶手承认自己的罪行。它的音调、颤音和细微的声响，似乎是在告诉我们一些言语无法形容的东西——像是某种预兆，甚至是难以置信的喜讯。说乐观是言过其实，但它确实从忧郁中唤起了希望，这声音驱散了暗昧，照亮了缄默。它让黑暗无所遁形，让听者倾听自己的内心，它让我们背负未来，一窥黎明。它使人在噩梦中得到一丝喘息，让他们看到解脱的希望。

忏悔和信心得到了精心地渲染，罗夸·坎扎的歌并不是沉湎于伤感的陈词滥调。它们是"绝境求生的壮丽"编年史。严肃时的简练，神秘时的别出心裁，以及祈祷时永存内心的呼吸，它们使一种未知的话语为我们所熟悉——这用林加拉语①唱出的话语，虽然几乎不发音，却立即成为我们呼吸的一部分。这被朴素掩饰起的话语，有如微风拂过心房。我们于是感到天堂正在微笑。

听了这样的音乐，不可能不陶醉。吉他，打击乐，悲伤和欢快的低语，甜蜜而闪耀的诗。是的，这样的崇高只能是在预示着一个新的黎明。即使在短暂的瞬间，当和谐主旋律的阴暗面产生出些许悲伤的阵痛，或是当连奏的旋律引发出一阵忧伤的战栗，此时的眩晕也总是五彩斑斓的：因为痛苦总有快乐相伴。谜底终将被揭开，人们明白这预言者带来的是福音：时间是属于我们的，这终究将会是生命意义的开始。希望不再仅仅是一句口号。所以问题

---

① 林加拉语（Lingála）是班图语支的一种语言，主要分部在刚果（金）西北部、刚果（布）大部、安哥拉和中非共和国局部。使用这一语言的人口超过 1 000 万。——译者注

来了：号称与班图音乐同为一体的虚无主义发生了什么？那种每天都让从杜阿拉到多伦多的全世界数百万非洲人跃动起来的"舞曲"到哪去了？

或许，归根结底，皮埃尔·苏福钦斯基是对的：音乐创作及其感知力首先是接受了时间检验的系统化的直觉过程。① 对于每一个人来说，时间流逝的速度由内在性格和影响观念的事件决定。它持续时间的长短，取决于一个人是否会受到焦虑、厌倦、痛苦或喜悦的影响，取决于这个人是朝前看，还是陷入某种情绪无法自拔。每个人对音乐的感知都是由心理过程决定的，都有各自不同的节奏。这种在心理时间上的变化是可以感知到的，因为它们毕竟与真实时间下的感觉相关，无论这感觉是有意识的还是无意识的。无论是遵循正常的时间流动，或是与之相脱离，所有的音乐都在自己的时间长度里建立了特定的关系，一方面是流逝的时间，另一方面是其间展示的音乐技法。因此可以区分两种音乐：一种与时并行，催人兴奋，引人翩翩起舞；一种超然物外，不拘一格，在不稳定中表达意外和

---

① 皮埃尔·苏福钦斯基（Pierre Souvtchinsky，1892—1985），乌克兰艺术赞助商和作曲家，谢尔盖·普罗科菲耶夫（Sergei Prokofiev）和伊戈尔·斯特拉文斯基（Igor Stravinsky）的朋友，他是《音乐诗学》（*Poétique musicale*，1942 年由斯特拉文斯基出版，并于 1947 年翻译成英文）一书的真正作者。

第三章 运动的诗学：舞蹈和音乐的想象力

不可预知。

在罗夸·坎扎的作品中，音乐时间每首作品都不相同。有时会遵循真实的时间，但风格统一是基本原则，音乐体验的强度通过主旋律的循环表现出来。在其他作品中，丰富的和声、多样的音色和风格，甚至是对位法的运用都伴随着对于主题的执着，而听众则在潜移默化下进入到了心理时间中。在两种情况下，形式的简洁性都远不止反映在音乐元素选择的朴素和编排的质量上，它还表达出了所有的真性情。温和的编曲，不以技巧修饰，而是选择宣泄最炙热的情感，这使得恰到好处的音乐作品简洁而厚重。这里的音乐没有欺骗，它不需要矫揉造作的性感和优雅。

在每个创作者的艺术生涯中，都有一个特殊时刻，他不再需要证明任何东西，可以直面自己的内心，而不必妥协于强加的命令去取悦或吸引任何人。这是他个性得以自我展现时达到的某种均衡，而这种罕见的时刻有着月食般的黑暗之美。艺术家不再是文化物质的生产者，而是纯粹地成为自身感受的传达者、时代的见证者、集体思考的记录者和自身疑惑的忠实阐释者。罗夸·坎扎在他的音乐生涯中已然到达这个境界。他现在的作品回归本源和自己，直抒胸臆，不再扭曲真相。即使他的音乐没有让他的刚果同胞和多伦多的非洲移民起舞，未来的历史学家们也将通过他珍贵的作品来了解这片永恒的、超然于历史的、迷失于悲伤中的非洲大陆。

混乱的精度

第三段回忆是我与喀麦隆爵士音乐家理查德·博纳的第一次对话。那晚他与麦克·斯特恩①在华盛顿的音乐会上演出。我们在乔治敦咖啡馆用了午餐，然后用整个下午的时间讨论当今非洲音乐，它"莫须有"的恶誉、它的新潮流和鉴赏。我告诉他，他的一些作品常常引起我的共鸣。每一个音符，每一个和弦，每一个转音都似乎在写下遗嘱，作为注定要在听者的内心留下不可磨灭印记的最后证据。我提醒他弗朗索瓦-伯纳德·马施②曾说过："音乐从一开始就是用于疏通它所加以暗示的那一部分神经元回路的。"而理查德·博纳的作品证实了我的想法，音乐是一项必不可少的生理活动。

---

① 麦克·斯特恩（Mike Stern），美国著名音乐人，曾四次获格莱美奖提名，两张专辑先后获得格莱美音乐大奖，是当今融合爵士领域中最杰出的吉他大师。——译者注

② 弗朗索瓦-伯纳德·马施（François-Bernard Mâche），法国当代作曲家。——译者注

第三章 运动的诗学：舞蹈和音乐的想象力

他用锐利的目光注视着我，只是笑了笑，然而呷了口苏打水，吃起了薯条。然后他承认，那些试图只从物质性层面来理解他音乐的人，将音乐鉴赏限制在了一个肤浅的层面上。

为了掌握他歌曲反虚无主义的本质特征，我们必须用心去感受和理解它们背后的创作过程。他的基本原则很简单，所有名副其实的音乐，都需要一定程度的编排——一种有意识的活动。否则，它只不过是一种枯燥而随意的噪音。像伊戈尔·斯特拉文斯基一样，他认为音乐创作首先是一种投机现象，是一连串的冲动，并最终归于安宁与平和的一刻。但他并没有忽略几个世纪以来音乐探索的经验教训，拒绝死守全音阶理论①的教条和古典调性理论的要求。他音乐作品的艺术价值远远超过了由中央 C 的位置决定的大小调理论。

博纳在音乐地形学上引起的震动并没有达到破坏旋律的地步，旋律对他来说仍然是最重要的。他知道在所有的音乐元素中，旋律也许是最珍贵的，音乐家要借此与听众建立直接的联系。他也知道，创作脍炙人口的旋律的能

---

① 全音阶理论（diatonic system）是现代乐派作曲理论之一，它的前身是阿诺尔德·勋伯格（Arnold Schoenberg）提出的十二平均律原则，即在音乐中忽略音级关系，使十二个音都成为主音。——译者注

力，不是来自智力活动，而是来自像贝多芬一样的天才音乐家才具备的神秘天赋。因此，无论选择什么样的表达形式，旋律都是他音乐魔力的核心。他以艺术的方式证明了器乐与声乐之间的歧视是错误的：无论他选择何种乐器，旋律的强度和丰富性都是不变的。①

他还告诉我，他不认为自己是音乐革新者，他不喜欢革新观念所隐含的混乱。相反，他认为自己是有审美感的原教旨主义者、研究者和创新者。几点原因可以解释他这样的定位。首先是他的个人和精神之旅：他不是生来免罚的，他为非洲独立后的情况感到羞愧；艰难生活之下，他自然不会毫发无伤；虽然他宝贵的童年记忆充满了暴力和悲伤，但他并没有因此而成为一个循规蹈矩的人（他向我展示了他父亲在他头顶留下的一个巨大的肿块，父亲禁止他玩吉他，还用他的第一把吉他打了他）。在那时的非洲，音乐常常表现焦虑和当时社会动荡的主题，它沦为了一种随波逐流的功利行为。之后，音乐又成为下层阶级虚无主义的一种形式，要么激发他们的低级本能，要么满足他们片刻的快乐欲求。但从他的职业生涯开始，博纳就选择响

---

① 只要听一下麦克·斯特恩 2004 年专辑《这些时代》（*These Times*）和 2006 年专辑《谁让猫出去了？》（*Who let the Cats out?*）中理查德·博纳的作品，就能明白了。"器乐"与"声乐"的人为区分是很明显的：二者相互干预，作品各具特征。

应全国性的大骚动，反对音乐沦为社会教化的工具，反对卑劣地使用艺术去维持社会失衡。

他下一步的艺术之旅：尽管他出生在广袤的赤道丛林中，并在所谓的非洲轻音乐的极度混乱中开始了自己的职业生涯，但在同龄人还没有断奶的时候，博纳就开始接受爵士乐的熏陶了。事实上，他是自学成才的，并想成为杰可·帕斯透瑞斯①那样伟大的贝司手，他喜欢不同寻常的东西，并不断地丰富自己的演奏技巧。他在杜阿拉、巴黎和纽约的经历，为他的音乐创作方法打下了基础，在这些地方，音乐爱好者们不满足于创作的外在表现，而是坚持验证其本质。那些听过他作品的评论家，只是肤浅地称他为"有灵感的"。人们必须认真地研究他的音乐，比如细看他的乐谱，才能发现，他才能中迸发出的"灵感"是毋庸置疑的，但这实际上只是创作的次要方面，更重要的是他对平衡、对称和尺度的迷恋，也就是说，其中运气的成分毕竟是极少的。

博纳显然很信任自己的灵感，但他也是小心翼翼的，他严谨、精细地"管理"着自己的灵感，这份精细源于

---

① 杰可·帕斯透瑞斯（Jaco Pastorius，1951—1987），美国爵士乐手、作曲家，公认演奏技巧最精湛的电贝斯演奏家之一，为贝斯在乐团中开创了新的地位。——译者注

他家乡喀麦隆东部的传统狩猎活动。跨越几个大洲的旅程使他积累了很多生活和音乐技巧的经验，这使得他确信，音乐创作不能局限在一些偶然的、随意的、来自灵感的旋律上。相反，音乐创作必须是一个复杂的劳动链，是通过本能进行引导和协调的排序。这种本能必须经过技术知识的支持和工作的检验方才可靠。在构成创作过程的艰难旅程中，认为有灵感就足以达到完美是一个思想误区。创作旋律的天赋不是简单的任意想象。它应该被严格地发掘和评估，从而帮助艺术家克服困难、提升运气。正如斯特拉文斯基一样，他相信"艺术越是被控制、限制和加工，它越是自由"。音乐创作在某种程度上是无章可循的艺术，但只能真正能够驾驭音乐的人，才能创作出与其名字匹配的作品。一个作曲家若想留下传世名曲，必须能够控制自己的情感和想象力，必须将目光投向混乱中的精确。

　　博纳告诉我他会做系统的训练。这可能是他的作品如此出色，并对艺术界的虚无主义构成挑战的原因之一。他继承了从弗朗西斯·毕比①和马努·迪邦戈②到米尔

---

　　① 弗朗西斯·毕比（Francis Bebey，1929—2001），喀麦隆艺术家、音乐家和作家。——译者注
　　② 马努·迪邦戈（Manu Dibango），喀麦隆著名萨克斯演奏家。他将喀麦隆传统音乐融入到朋克和爵士乐中，创造出一种新颖的音乐形式。——译者注

顿·纳西门托①和贾文②的音乐传统，但他并没有因此沾沾自喜，故步自封，而是不断探索，向新的音乐领地挺进——不只是杰可·帕斯透瑞斯，哈里·贝拉方特③、韦恩·少特尔④、乔·萨温努⑤、渡边贞夫⑥、帕特·梅思尼⑦、麦克·斯特恩、赫比·汉考克⑧、鲍比·麦克菲林⑨和维克多·伍顿⑩等人也都是他的学习对象。对他来说，传统只是一种更新创作的方法，而新颖性是他重新发掘这

---

① 米尔顿·纳西门托（Milton Nascimento），巴西著名创作歌手和吉他手。——译者注

② 贾文，全名贾文·卡埃塔诺·维亚纳（Djavan Caetano Viana），巴西著名流行音乐家。——译者注

③ 哈里·贝拉方特（Harry Belafonte），被誉为"卡利普索歌曲之王"，是最成功的美籍非裔音乐家之一，2000年获得格莱美终身成就奖。——译者注

④ 韦恩·少特尔（Wayne Shorter），美国爵士乐萨克斯管演奏家和作曲家。——译者注

⑤ 乔·萨温努（Joe Zawinul，1932—2007），奥地利爵士键盘手和作曲家。——译者注

⑥ 渡边贞夫，日本爵士乐的代表人物，被誉为"日本萨克管之父"。——译者注

⑦ 帕特·梅思尼（Pat Metheny），美国爵士乐吉他手和作曲家。——译者注

⑧ 赫比·汉考克（Herbie Hancock），美国钢琴家、键盘手、乐队指挥和作曲家。——译者注

⑨ 鲍比·麦克菲林（Bobby McFerrin），美国歌手和指挥。——译者注

⑩ 维克多·伍顿（Victor Wooten），美国贝司手、作曲家、作家和制片人，五次荣获格莱美奖。——译者注

些音乐遗产的工具。这种定位使他改变了音乐的功能：它不再是让人逃避现实生活中悲伤的狂欢活动的背景音乐，也不是那些喜欢演绎历史的人纪念缥缈的英雄事迹时的庆祝音乐，更不是社会巨变的伴奏音乐；它再次成为哲学思考的对象，成为探索心灵奥秘的中心。

这种创作音乐的方式，同时也是世界主义的和反虚无主义的，这在他的音乐美学中是很明显的，特别是不协和音程在他的两首短篇乐曲《基伍湖》（*Kivu*）和《穆托！再见！》（*Muto Bye Bye*）中的应用。直到今天，古典理论保守派还认为，一个"好"的乐句应该以协和音程结尾。他们认为不协和音程是过渡部分，是作为标点符号使用的一系列不完全的音调。它的作用是激发期待感，以增强协和音程的分辨力。这样一来，以听众期待的更适合的和弦结尾，整个乐句就完善了。博纳从来不认为自己有义务以学院派的作曲方式来满足那些敏感挑剔的耳朵。像其他一些先锋音乐家一样，他不觉得协和音程一定要跟在不协和音程之后。对他来说，协和音程与不协和音程都是独立的、不受古典音乐理论束缚的实体，它们可以彼此独立使用。因此，作曲既不能受制于旋律，也不能受限于和声。

其他一些非洲作曲家也曾尝试过这种范式的变化，但是鲜有成功者。值得注意的是弗朗西斯·毕比和多拉尔·布兰德①的例子，他们试图让大众对非洲音乐的"传统元素"感兴趣。他们的主张没有得到多少回应，传统评论家们认为他们所怀念的是遥远的过去或根本就没有存在过的世界。他们的作品几乎都被收藏在了西方国家的非洲艺术博物馆的仿真民俗展架上，很难说收藏人是出于怜悯，还是真的欣赏。

博纳提出的创新与上述尝试不同：它们涉及一种更为密集和大胆的语言，以及将他自己从精神上的无政府状态和争论不休的简约主义中解放出来的决心，二者构成了所谓"非洲音乐"的主要框架。他的风格完全区别于技术极简主义，后者的音乐常常是重复、枯燥和单调的。他的音乐强调炽热的情感，并始终贯穿着"一般性"（the Universal）的气息。作为纽约大学的"和声与即兴创作"教授，他能够运用各种传统音乐——非洲裔美国人的、西方的、拉丁美洲的和印第安的，同时又始终坚持连贯性和严肃性，这证明了他创作方法的可靠性。他不需要学院派的繁荣，那将使一些非洲艺术家沉浸在西方的音乐理论中，并认为这是成为"重要"作曲家的必经之路。对于世界大同主义而言，缺乏新意的折中主义和简单的炫技表演都

---

① 多拉尔·布兰德（Dollar Brand）是阿卜杜拉·易卜拉欣（Abdullah Ibrahim）的曾用名，南非钢琴家和作曲家。——译者注

是在做无用功。另一方面，对于一般性的探索、牢固的技术知识、对个人家乡的感受力，似乎是他的救赎之路，是将他从病态的、虚无主义的、大众印象中非洲人专属的舞蹈音乐中解放出来的方式。

第四章　原罪的体验：围绕上帝葬礼的对话

> 上帝不是没有罪的，因为他创造了世界。
>
> ——保加利亚谚语

我的采访者没有穿教袍。这位慵懒、自信、带着挑衅笑容、一副花花公子模样的天主教牧师被一位礼貌、安静、被他称为"女儿"的女人开车带到我家。也许这解释了我为什么会与他公开谈论上帝、信仰、宗教伦理、巫术以及其他许多我总是犹豫公开表达个人观点的主题。他路过华盛顿，请求我接受他担任主编的喀麦隆半月刊《努力》（*L'Effort*）的采访。虽然之前与他素不相识，不过我还是同意了他的请求，因为他得到了杜阿拉的大主教图米

(Tumi)的引荐,图米大主教是我政治失意时期的导师之一。①

梵蒂冈的歇斯底里

我们交谈了几个小时。尽管还保持着亲切,但我的一些观点使他睁大了他那玩世不恭的小眼睛,紧张地握紧了手中的录音机。可想而知几周之后,当我得知采访稿未经解释就被杂志社否决时的惊讶,而这位牧师也不再担任主编了。我被告知,他"另有任用"。

这次采访可能不是这次莫名其妙调任的原因。但这位牧师为从我口中听到他所认为的忏悔而感到自豪,他确实很想把采访稿发表在突然将他解雇的杂志的专栏里。没办法,他的继任者不想面对上级的怒火中烧,否决了这一提议。这位愤怒的牧师立即将采访稿提供给当地的一家日报社,并被抢先发表在头版头条上,一时洛阳纸贵。

此举进一步激怒了喀麦隆天主教会的上层人士。这些上帝的代言人们对这位被认定是异端的牧师和刊登我采访

---

① 参见 Célestin Monga, *Un Bantou à Washington* (Paris: PUF, 2007)。

第四章 原罪的体验：围绕上帝葬礼的对话

稿的独立报纸的主编进行了小型的宗教裁判，认为他们犯了亵渎梵蒂冈之罪。然而，两个受害者已经采取了预防措施——他们在采访稿的引言中声明受访者的观点不代表采访者和报纸的立场，以明确与我保持距离。这种软弱的借口无法满足教会领袖报复的渴望，他们抓住一个问题不松手：一位有经验的牧师怎么能参与疑似亵渎圣经的卑鄙行为？

我的导师、杜阿拉的大主教保持了沉默。但风波还是在他的管辖范围内发生了。至于喀麦隆的教廷大使，尽管被称为当地外交界的杰出一员，却公开谴责我所被给予的过分宽容。在我的话语中感受到的邪恶痕迹使他丧失了优雅的谈吐和良好的举止，采访稿一经发布，他就将那位可怜的牧师传唤至温雅得，使他不得不在深夜一条糟糕的道路上行驶了数百英里。梵蒂冈方面还直接要求这位牧师作出解释。教廷大使（暂时？）放下了耶稣的教导，甚至放弃了他多年苦心经营的民主和言论自由坚定捍卫者的形象，他还传唤了那位报社主编以表达愤怒，这位主编确信他对上帝坚定不移的信仰将保证他死后上天堂。就像路易·德·菲奈斯在杰拉尔·乌里[①]导演的《暗度陈仓》

[①] 杰拉尔·乌里（Gérard Oury，1919—2006），法国著名电影导演，与路易·德·菲奈斯合作法国经典战争喜剧片《虎口脱险》。——译者注

（*Le Corniaud*）一片中饰演的角色那样，他大声叫喊，这是"无法忍受的，无法忍受的！"而在此之前，对于这份发表可疑人士亵渎宗教言论的报纸，他还是有一点尊重的。《福音书》是独一无二的、不可动摇的真理。

危机委员会在雅温得教廷大使馆举行的那些夜间会议得到了大量的关注，梵蒂冈的外交官仍对"事态的极端严重性"感到愤怒，并表达了他对过激言论自由的看法。但该国还有许多其他问题：紧握权力半个世纪之久，这个空想家们的政府严重地影响了国家的未来。每晚，成千上万饥肠辘辘的孩子们睡在这个富裕国家破旧的街道上。每天，数百万国民为解决痛苦和困难，将微薄的积蓄交给了巫医和神棍们。

对于指责我为上帝举办了一次公开葬礼的梵蒂冈大使来说，所有这些都是不重要的。他只在乎一件事：恢复教会的荣誉，熄灭我的言论点燃的、破坏宗教和信仰的无形之火。他还要安抚在阅读采访后几乎陷入歇斯底里的教廷同僚们。而唯一可能的补救方式是正式地在报纸上发表澄清函，并坚决重申采访我的那位牧师不认同我魔鬼般的言论。这份澄清函很快就见报了。报纸主编表达了对我的尊重，这无疑会得罪教皇本尼迪克十六世的代表，此人无疑拥有神秘的力量，并有能力决定异端在死后是上天堂还是

第四章 原罪的体验：围绕上帝葬礼的对话

下地狱。

只是由于一次小型采访，我与喀麦隆天主教一些上层神职人员在我看来至少是真挚的老友关系就突然动摇和破碎了。在非洲，几句对于信仰和宗教没有恶意的言论就会让本来冷静和宽容的人陷入混乱。我究竟说了什么过分的话，以至于他们如此兴师动众？

享乐的上帝或无能的上帝

我们的采访始于这样一个问题：我是否相信上帝？我本可建议他读下信仰虚无主义的书籍以激怒他，就像西奥兰说的，上帝产生的根本原因在于填补人类空虚的需要："当一个人孤独或激情达到一定程度，越来越少的人可与之交谈；他最后甚至会觉得没有与自己相似的人。当人达到这种极端状态时，他就会转向那些与自己不同的主体，转向天使，转向上帝。所以，因为此处缺乏一个对话者，人才会去其他对方寻找……上帝（或者说上帝这一概念）唯一的用处就在于使人免于陷入自恋、妄想、厌恶以及所有的自我负面状态中。人在得到客观支持的假象中，得以保持正常。此外，对上帝的信仰使你免于对其他任何事物的信仰,这是一个明显的优势。"① 我本可以解释说,信仰对于许多非洲人来说,是一种抵御幻灭的方式,一种将自己从日常现实堕落行为中解放出来的方式,一种摆脱自我专政的方式。

是的,我相信上帝,我回答,但是解释说,我的上帝存在于孩子们每天的笑脸中,存在于那些艰难生活中仍然闪耀着人性光辉的平凡之人所展现出的英勇气概中。更重要的是,我是否相信上帝,对我们的谈话并不重要。"不是的,不是的,"这位牧师坚持说,几乎从椅子上跳了下来,"这是非常重要的,因为人们有这样的观念,认为越是高级的知识分子和富裕的资本家,越是对上帝不虔诚……"因为我既不是知识分子也不是资本家,所以我不觉得他的讽刺是在针对我。我只是简单地回答说,信仰是个人的私事。在我看来,关于上帝是否存在的争论似乎有点可笑。

可笑?牧师把眼镜摘下来,擦干净,再戴了回去,并和气地要求我解释一下。一个没完没了、没有出路的争论,我说。正如陀思妥耶夫斯基所言,即使证明了上帝是不存在的,上帝这一概念的产生也是人类精神史上的杰出

---

① Émile Cioran, *Cahiers*, *1957—1972* (Paris: Gallimard) 645, 917.

创造。虽然世界各地的我族中心主义者们往往借上帝的名义来为宗教运动正名，对精神、智慧财富甚至理智进行垄断，宗教运动也常常沦为暴力冲突的工具，但我们不能因此忽视信仰对于每个人所产生的积极外部效应。此外，20世纪曾造成重大伤亡的政治人物——希特勒、斯大林和波尔布特，都是好战的无信仰者。信仰可以成为高尚道德的源泉。我的一位喀麦隆好友从未落下过每天的五次祷告，他总是提醒我，祷告首先是一种谦恭行为。即使它只是用于质疑我们的必然性，让我们直面质疑，从而承担起谦逊的义务，它的优点也是不可忽视的。

至于一些非洲人时而高声宣扬的无神论，一点也不会影响到我。事实上，我总是发现非洲人的精神追求是不可磨灭的，即使他们声称自己是无神论者，我也相信他们对绝对真理的追求以及对道德伦理的遵守并不一定要靠信仰上帝来表现。无神论者死后也是可能上天堂的，如果天堂存在的话。许多年前，我在与图米大主教对话后得出了这个结论，当时，全世界都在为柏林墙的倒塌而欢欣鼓舞，喀麦隆的政治压迫却在增强。我很生气，便问大主教，为什么公正而仁慈的上帝会让喀麦隆人民在国际社会的冷漠注视下遭受这样的命运。年少气盛的我甚至跟他讲，上帝要么是一位虐待狂和享乐者，要么完全对此无能为力，因此，上帝肯定不是万能的……

大主教本可以借用荷马在《奥德赛》第八卷中的话回答，上帝带给人类不幸，人类方可以歌唱抒怀。但他只是微笑着回答说，上帝对我是如此宽容，他让每个人在善良与邪恶之间自由选择，并对自己的命运负责。他还给我评价他，甚至侮辱他的自由……这番关于上帝极端宽容的话令我很不安，并让我感到愧疚。它使我在对待信仰的问题上略加谦逊。

我这才明白，必然之物是非常危险的，包括问题不确定性的必然性。将对立面变成信仰不一定是伟大的观念进步。但这恰恰是无信仰者很容易跌进的陷阱：一些反宗教运动如此令人着迷，以至于它们也成为一种形式的宗教。不幸的是，不是所有人都有豪尔赫·路易斯·博尔赫斯的幽默感，这个不信上帝的人说过，宗教是荒诞文学的一个分支。在他看来，所有杰出的科幻小说家的作品跟圣经中的神话相比都不值一提。

信仰的成本收益分析

与牧师的谈话随后转移到信仰和宗教的政治经济学上。"您周日做礼拜吗？"他用带有高度疑问的口吻问我。

第四章 原罪的体验：围绕上帝葬礼的对话

他看着我，就好像预先知道了这个令他感到害怕的答案一样。我不得不承认这是一个令人尴尬的问题。我并没有像我想的那样经常去。我不能借口自己是个大忙人。工作繁重从来不是对重要事物的合理解释。一个人为自己设定的优先事项也决定了这个人的价值观排序。而祷告是检验信徒是否虔诚的最合理方式。马丁·路德曾经说过："我太忙了，但我不能不每天花三小时时间进行祈祷！"

这个问题让我明白，我仍然是一个自我崇拜的人，这也是我缺席宗教活动的理由。在杜阿拉的时候，我就很少去教堂了。我不想在共和国那群西装革履的强盗面前委曲求全，他们总是占着最前排，荒腔走板的声音比别人都大，仿佛在为他们的恶贯满盈乞求宽恕。然而，当我问起图米大主教，为什么这些臭名昭著的恶棍可以在每周日领受圣餐的时候，他嘲弄地笑着说，自己关心自己的罪孽就好，将别人的罪孽交由他们的良心和上帝处理吧。

是的，我不会定期去教堂。似是非是的承认引得牧师问道，经济学家是如何对待宗教的，以及宗教在当今非洲的社会功能是什么。我告诉他，对于马克思主义经济学家来说，宗教是人民的鸦片，是资本主义为维护社会霸权所采用的工具；而当今占据这门学科主流的新古典经济学家则将宗教领域仅仅当作一个市场来分析，一方面宗教扮演企业的角色，另一方面信众扮演消费者的角色，他们会自觉或不自觉地审视各种宗教的收益和成本，以期得到精神投入的最佳回报。这种观点使许多非经济学家感到震惊，他们认为这种观点是荒诞和机械的，因为它忽略了非市场交易的价值。它的基本假设很简单：人是理性的主体，通过对激励制度的反应，会最大限度地提升精神上的满足感。加里·贝克尔①甚至因在这种推理方式下发展了社会理论而获得了诺贝尔奖。

传统社会学认为宗教的目的是解释神圣，相对于普通和平庸、在日常生活中反复出现的一切，宗教关注不寻常和神秘的生活经历。这种区分过于简略了。在喀麦隆，连最平凡的事物都可能突然变得超自然。比如在中午时分在杜阿拉的恩都科汀（Ndokoti）十字路口穿过街道，或是发现从水龙头中流出的饮用水，都有些不可思议。其结果是，在非洲人的日常生活中，平凡和神秘永远是重叠的。因此，我们不会感到惊讶的是，在我们的想象中神圣占据着大量空间，宗教也是利用我们的这种精神需要来延续自身的。

---

① 加里·贝克尔（Gary Becker, 1930—2014），美国著名经济学家，芝加哥经济学派代表人物之一，芝加哥大学教授，1992年诺贝尔经济学奖得主。——译者注

第四章 原罪的体验：围绕上帝葬礼的对话

当然，它也试图回答一些问题，比如人生的目标和方向、价值观的选择。它帮助许多人面对生存的疑惑，重新认识自己，并找到生命的意义。它通过赋予其神圣法律地位的方式，加强社会规范，它也作为道德义务，比如团结和同情责任的一种载体。它协助人们面对生活中的巨大冲击，使他们能够忍受不断遇到的邪恶与苦难。但是，尽管存在这些潜在的优点，宗教还是应该永远地受到三重批判：政治、神学和哲学。

我的采访者看起来对我的这些言论很感兴趣。他坚持要我阐明我的想法。我并没有完全满足他的要求。从政治上讲，非洲宗教的历史无疑是以特殊人物的勇敢行为为标志的。直到今天，在整个非洲大陆上，一些教士还在从事着高尚的事业，他们发挥着社会工作者、导师、知己，甚至是精神科医生的作用。但是非洲的宗教机构却像是一种官僚机构，其许多成员应该每天去忏悔赎罪，请求宽恕。就像殖民时期的传教士，他们滥用自己的道德资源去满足自己对权力的幻想。其他人则是偏执狂，感觉邪恶无处不在。他们经历了职业生涯的困难期，感到痛苦而迷茫，又因为没有晋升到重要职位而一直耿耿于怀。没有成为主教一事使他们感觉自己是一个失败者。他们每天背诵圣经，戴着十字架，但心中的愤怒和怨恨却足以使《圣经》中最坏的人战栗。

总而言之，我发现非洲教会是表里不一的，它们与殖民主义有染，与专制政权狼狈为奸。尤其是我的采访者所代表的天主教会，我建议其自我反省，并公开忏悔。它需要在全国各处成立真相委员会，明确各方在非洲政治史上最黑暗的事件中所负有的责任。在我看来，教会进行公开忏悔，有助于将其从沉重的历史负担中解放出来，挽回其在民众中的信誉。事实上，也没有什么能比主教的道歉更能赢得人心的了，教皇约翰·保罗二世就为在墨索里尼和希特勒的法西斯主义面前保持沉默和无所作为的教皇庇护十一世和十二世而公开道歉过。

牧师听了我的话，沉默了，样子看起来相当恐怖。我继续解释说，从神学上来说，我不喜欢基督教、犹太教这样的一神论宗教，因为它们声称拥有对美德的垄断。我提醒他，有好几亿中国人和印度人不相信上帝，但他们并不会因此而下地狱。另一方面，许多牧师整天祈祷，但这也并不能阻止他们满不在乎地犯下暴行，有时甚至是在刚离开教堂的时候。教袍之下往往隐藏着各种各样的东西，我戏谑地对他说。幸好他那晚没有穿教袍。他默默地叹了口气，我利用这个他似乎在反思的时刻，继续补充道，多神论的宗教宣扬诸神存在和神明等级制，较少有宗派之分。

第四章 原罪的体验：围绕上帝葬礼的对话

伦理性的宗教，比如佛教、儒教、道教和神道教都显得更为温和，因为它们较少强调创世神，而是更多地强调尊重内在和谐与社会平衡的原则。对于更古老的宗教，比如非洲泛灵论来说，它们很难与时俱进，似乎已经沦为当今时代政治和认知转变的牺牲品。

从哲学上讲，基督教的基本假设似乎不是很有说服力。比如，救赎的神话使天真的人认为，只要他们遵照一种思维方式行事，死后就可以上天堂，而这是值得商榷的。牧师立即僵在了椅子上：救赎只是一个神话？耶稣难道没有死在十字架上来拯救我们吗？我从他的问题中感受到一个优秀天主教牧师强压怒火的焦虑情绪，我让他放轻松，这样我们可以继续进行文明的对话。我解释说，我非常喜欢基督的思想和问题意识。我喜欢他的神话，以及他在日常生活中对我们每个人的追问。我喜欢他思想体系中对于我们的道德要求，以及我们都可以像上帝一样完美的幻想。因为我不是上帝，所以我忍受我的不完美，并将耶稣阐发的道德理想作为我应该努力达到的目标。这有点像数学中的渐近线，一条无限趋近于直线的曲线，却永远无法真正碰触它，并成为它。

牧师继续虔诚地听我说道。我关于非洲教会作为社会机构的看法似乎给他带来了更多的问题。我声称它们倾向于维持现有的文化和社会秩序。面对着席卷非洲的政治、经济和道德危机，主教会议只是偶尔发布愤怒和说教的公告来让自己的良心释然。当需要切实采取行动，反对不受欢迎的行为、打击邪恶、推动变革、进行温和抵抗、走上街头，来保护权利正受到侵犯的公民的时候，大多数教士选择躲在他们的教袍里面。他们消失了。他们沉默了。他们只是挥舞着十字架，用拉丁语做着弥撒。

我承认，天主教的使命不是推动政治制度或是社会组织模式的发展。天主教宗座委员会在《天主教社会教义纲要》（Compendium of the Social Doctrine of the Church）中对此进行过说明。但是《天主教法典》（the Code of Canon Law）在我看来是更高级的法律来源，该法典明确指出，教会"也有权宣报有关社会秩序的伦理原则，对人的事务，在人格的基本权益或人灵的得救有要求时，亦有权审断"。基于此，我要呼吁那些有事业心，却借口迫于梵蒂冈的权威而不采取行动的牧师们，起来正视自己的社会责任。我请求非洲的宗教领袖们放下手中的经文，更勇敢地参与公民行动。与其花费时间讨论经文的意义，不如代上帝完成其在人间的工作，切实帮助民众改善生活条件。"切实"意味着他们应该坚决谴责非洲的独裁者们，更积极地投身于解决日常生活中的问题，从夺走大量生命、让人怀疑上帝是否存在的恶性交通事故,到对整个非洲大陆造成巨大环境危害的生态系统的破坏。毕竟,那些相信《圣经》和《古兰经》中令人难以置信的故事的人们是不可能缺乏想象力的!

牧师反驳说,我仅仅强调了基督教在社会福利方面的作用,忽视了其在精神层面发挥的影响。那可不是我的意思。这不是我的原意。我只是认为非洲宗教组织有很大的潜力,可以为社会变革服务。但是这些潜力并没有得到充分的利用,因为上层神职人员是受保守思想支配的,他们更倾向于在形而上学的讨论中明哲保身。我承认,天主教会有时本身就是压迫暴行的受害者。在喀麦隆等地,一些传教布道的牧师和修女被杀害了。专制政府从未公布这些神秘谋杀案的调查结果。不幸的是,梵蒂冈方面也没有很积极地追求公正。这样的沉默意味深长。

巫医与巫术

我感觉谈话的语气变得愈发严肃。我的采访者正小心翼翼地打量着我,就好像在看一具堕落到万劫不复的灵魂。尽管如此,他仍然彬彬有礼地进行着我们的对话,他希望我谈论一下正在非洲发展壮大并扰乱社会秩序的邪教活动。他想知道我对它们的看法。也许我们至少会在这一点上达成一致，邪教的爆发式增长对非洲社会的发展构成了危害？然而，我还是让他失望了，我指出这种现象并不是非洲特有的，所有人类文明在其某个历史时期都有相似的经历。此外，这种"神圣的扩散"反映了基督教在非洲公信力的缺失。用经济术语来阐述这个问题，邪教和异教在黑人世界的成功突出反映了官方精神市场的巨大赤字，也表明了广大民众与传统教堂之间存在巨大的道德供需缺口。这反映了宗教"黑市"的出现。这首先证明了传统教会长期的不作为，它们无法有效地解决当今社会的问题，也无法为经常陷入贫穷困苦的人们提供心理慰藉。毕竟，"人们只会追随那些给予他们梦想的人。你永远看不到人们围绕在没有梦想的人周围"（西奥兰语）。

一些邪教组织比传统宗教组织更系统地反对社会秩序。这使得它们在紧缺和苦难的环境中获得了力量与合法性。它们的领导人往往是古怪的大师或者体面的狂热分子，他们可能怀揣着美好的愿望，却已经丧失了自我，且不是都接受过良好的教育。此外，他们患有严重的耶稣综合征，相信自己是新的救世主。他们将自己树立为社区的精神科医生，向困扰的人们提供安慰。通常，他们会对《圣经》进行更"自由"和更大胆的解释。在道德缺失的背景下，很多非洲国家都存在集体性的痛苦感和挫败感，他们的唯意志论学说乘虚而入，大获成功。

更大胆的是，其他一些半宗教性运动的受众是有良好教育背景的，却在生存困难中迷失了方向的人。尽管接受过高等教育，但信徒的轻信使这些组织可以利用超自然的现象，并在信徒中鼓动蒙昧主义。在道德和经济破产的国家中，它们创造了一种混乱的氛围，以服务其政治利益：它们将执政者的责任推卸给上帝。尽管它们一开始标榜自己是旧有秩序的挑战者，但事实上，它们乐于维持现状，并支持各种形式的社会虚无主义。它们的话语是很有戏剧性的：比如，它们的祷告方式是将信众聚集起来，让其做手势、哭泣和大声尖叫。但从精神上讲，它们的"神学"在根本上并没有不同于它们声称要与之区分的宗教机构。就此而言，很多非洲政治领袖往往是这些半宗教性运动中最有影响力的成员，也就不足为怪了，他们的主要作用是消解广大民众的警惕和批判心理。尤其是加蓬前总统奥马尔·邦戈·翁丁巴[1]和喀麦隆总统保罗·比亚[2]。

---

[1] 奥马尔·邦戈·翁丁巴（Omar Bongo Ondimba, 1935—2009），全名哈吉·奥马尔·邦戈·翁丁巴（El Hadj Omar Bongo Ondimba），曾用名阿尔贝-贝尔纳·邦戈（Albert-Bernard Bongo）。自1967年至2009年，连任七届加蓬总统。——译者注

[2] 保罗·比亚（Paul Biya, 1933—），出生于喀麦隆南部省，布颉族人，信奉天主教，1982年起至今担任喀麦隆总统。——译者注

这些话让我的采访者稍稍松了口气。他向我指出，将传统的非洲医师与村庄的巫医混为一谈是不公平的，因为前者是真正有知识的，而后者只是在利用人们的天真。也许，从概念上讲，我们可以分辨出宗教和神秘主义领域中不同参与者之间不同程度的"严肃性"。但在实践中，不可能对它们进行严格的区分。一些巫医和巫师提供的治疗可以归为所谓的另类医疗，或是与生物精神病学相关。西方也存在类似的做法，另类医疗融合了放射电子学、地理生物学和感应力学（占卜术）等方式进行治疗。对待躁郁症患者，医生时常采用大胆的治疗方法，包括电击和诱导性低血糖昏迷。精神科医生建立了良好的社团组织，负责监督科学语料库的验证模式以及对职业规范和道德规范的遵守。此外，卫生部还将行使至少一项行政监督权，以保证医生遵照规定实施治疗。

我不会毫无缘故地怀疑巫医们所声称掌握的非洲传统医学中的优点。但是，在缺乏监管和知识库存的背景下，将良莠分开几乎是不可能的。贫穷、失恋、情感创伤、无法控制人生起落时的抑郁情绪、难以解决疑惑：神棍们可以利用很多因素，来宣称掌握生命的"操作指南"。村庄和城市中出现的巫医热潮是显而易见的，这些荒唐的人认为他们天生就拥有治疗的能力。这些信仰贩子在夜间游行

第四章　原罪的体验：围绕上帝葬礼的对话

吸引人潮，还将他人的不幸变为自己的待售商品。

大部分这样的大师是受经济利益鼓动的。其他一些则是受到了精神刺激，他们需要阳光，或者想要为自己的悲惨生活寻求报复。自我催眠和自我陶醉让他们觉得他们终于成为"大人物"。我们很容易理解他们。他们给予各个社会阶层的公民一种爱的感觉和一种权威的错觉，包括大公司的总裁、共和国的部长和无法知晓社会阶层的妇女们。对于执政者来说，这个新兴行业是一根有用的救命稻草，它是有效的社会控制工具，因此，执政者通过保持沉默以表达支持。

我提醒我的采访者，在经济困难的社会里，更容易观察到对神秘力量和超自然现象的崇拜膨胀。从13世纪到19世纪，上百万欧洲人因巫术罪而被处决。[①] 在美国，对于魔鬼附身的歇斯底里的大爆发导致了17世纪臭名昭著的"塞勒姆女巫审判案"。巫术信仰是一种建构的社会想象，不幸的是，它是有代价的。在非洲，它受到贫穷、情感剥夺、自信缺失和恐惧的激发。顺便说一句，它是很难与信仰上帝相容的：如果一个人相信有一个全能和仁慈的

---

① 参见 Emily Oster, "Witchcraft, weather and economic growth in Renaissance Europe," *Journal of Economic Perspectives* 18.1 (Winter 2004) 215—228。

上帝，他又怎么会害怕午夜时分一个头上插满羽毛的巫师在灌木丛里念动咒语呢？

这种矛盾的一次表现：在一个以巫师的攻击性和天赋而闻名的城市里，喀麦隆总统保罗·比亚做了一次著名的讲话，这位虔诚的、毫不犹豫地公开其基督教信仰的总统呼吁他的同胞们打击巫术。他提醒他们，刑法规定反巫师罪的人将面临十年牢狱，但他忽视了，仅是简单地通过法律和颁布法令，是无法改变一个国家古老的信仰体系的。更不幸的是，由于法律没有对巫术进行界定，法官被迫要征求专业巫师的意见去鉴别巫术！为了一个正当的理由，法庭往往成为展现幻术和魔法的剧场……

我的采访者只是笑了笑。对他来说，非洲巫术是一种无法被轻易扫除的现实。它不能被归纳为是一种与生活水平和经济增长水平相关的现象。"尽管他们物质富裕，一些西方人仍然相信它，"他指出，"他们中的一些人甚至来到非洲，参加巫术仪式！许多喀麦隆人已经达到了一定程度的安逸，但仍然相信巫术。"虽然如此，我还是继续我的论断，试图通过描述非洲暴发户的社会学概况来说服他：他们中的许多人不是靠劳动致富的，而是交了好运气。所以他们一直害怕再次陷入贫困。他们不认为自己已经永远摆脱了贫困，因为他们的兄弟姐妹、叔婶伯娘、邻里街坊还处在水深火热之中。他们的物质财富没能从他们的想象中摆脱贫困综合征。他们仍然要借巫术来寻求宽慰和逃避厄运……

我解释说,非洲教育系统的组织方式无法使其培养出的人不受流行信仰任意性的影响。无论是教会的、私立的还是公立的,学校往往只能培养出政府附庸和三等公民。非洲的职业经理和行政管理人员往往是殖民教育体系的低劣产物,与半个多世界前相比,并没有什么变化。这就是为什么在心理层面,非洲公民的社会群体往往比人类学家所承认的更为相似。受困于贫穷的底层民众要压抑不公引起的愤怒。而富裕阶层无所事事,只能纵情声色,用科特迪瓦滑稽演员阿达马·达西克①的话讲,他们要用遥控器来开香槟酒瓶。而知识分子们(或者更准确地说,那些有学位的人)往往沦为无业游民,经常可以在执政党总部看到他们在那里摇尾乞怜……

因此,非洲的巫术信仰必须在一种类似于米歇尔·福柯提出的"认知论"(episteme,即特定时代下,将不同类型的话语组合起来的一系列关系)的哲学背景下进行审视。它既不是一个本身连贯而又封闭的整体的、单一的思

---

① 阿达马·达西克(Adama Dahico),科特迪瓦当地知名笑星,其喜剧和说唱表演极富个性和感染力。——译者注

想体系，也不是一种一成不变的历史性约束，更不是观察世界的基本理论。"认知论"有利于将巫术的集体信仰合法化，它更像是"同时作用的剩磁①"，或是多个抛锚点的衔接处，或是一捆抽象的、随意的精神参考资料，它们交叉提及，并最终创造出一个整体的网络。这是虚无主义的推理过程，因为它构建出一条指向虚无的非价值观（non-values）的路径，并假定自我怀疑。

做完这些论述后，我停止了说话。牧师也陷入了沉默，我猜不出他在想什么。我的这些话似乎并没有消除他对我灵魂的纯净度和我基督教信仰的坚贞程度的疑虑。在几声意味深长的叹息之后，他再一次提出了最初的问题，那就是，我宗教信仰的程度。天越来越晚了，我不再有心情去避免冒犯他。我承认，我对于精神性的观念很难与梵蒂冈基督教的特定假设相契合。前世因今生果的观念是我不能接受的。这与某些神秘主义者宣扬的宿命论如出一辙，即认为非洲目前的困境是一种集体业力（karma）的反映。我告诉他，放弃我们的人性使我们逃避了目前的责任，也使我们免去了塑造未来的烦恼。生命不是一种宇宙幻象。

---

① 剩磁（remanences）是磁化过的物体不再受外部磁场影响时保留的磁化强度。——译者注

作为讨论的结束，牧师问我是否认为自己配得上天堂。不，我回答说，我配不上天堂的殊荣，但也轮不到地狱的业火。就此而言，天堂与地狱的二元选择在我看来是犹太-基督教哲学的弱点之一。愤怒的上帝威胁他的子民的想法，与上帝的伟大不符。对上帝的崇拜不应该是对地狱的恐惧或对天堂的希冀的结果，它应该是每个信徒道德要求的自然流露。我引用了波斯苏菲派诗人阿塔尔①的诗："如果我因恐惧火狱而崇拜您，把我烧死在火狱；如果我因希冀天园而崇拜您，把我挡在天园之外。但如果我因您的缘故而崇拜您，不要对我吝啬您的永恒之美。"（《百鸟朝凤》）

---

① 阿塔尔（Attar），原名阿布·哈米德·本·阿布·巴卡尔·易卜拉欣（Abū Hamīd bin Abū Bakr Ibrāhīm），阿塔尔是他的笔名，意思是"香水"。阿塔尔是12和13世纪波斯伊斯兰教苏菲派著名诗人和思想家，著有寓言叙事诗《百鸟朝凤》（*The Conference of the Birds*）。该诗共9 200行，通过描写百鸟为寻找鸟中之王——凤凰所经历的种种艰难险阻，借以说明苏菲派苦修者只有经过自我修炼的七个阶段（祈祷、热爱、认知、禁欲、认主、困惑和寂灭），才能在精神上与真主合为一体。——译者注

第五章　身体用途的伦理：自尊理论

本身就是一种麻烦会是怎么样的感觉？

——W. E. B. 杜波伊斯①，《黑人的灵魂》

当人们不尊重我们的时候，我们感到受到了冒犯；然而，在一个人的内心深处，自己也并没有尊重自己。

——马克·吐温

---

① 威廉·爱德华·布格哈特·杜波伊斯（William Edward Burghardt Du Bois）是一位著名的学者、编辑及非洲裔美国人行动主义者；他是美国有色人种促进会创始会员，也是泛非主义运动的创始者和早期领导者之一，终其一生全力反抗种族歧视。他与毛泽东等老一辈中国领导人保持着友好关系。——译者注

第五章 身体用途的伦理：自尊理论

哈里·贝拉方特是一位艺术家，也是非洲裔美国人进步事业的积极分子。他讲述了童年时期关于母亲麦莉的悲惨记忆。他讲述的并不是关于他们物质上的贫穷，或者是20世纪三四十年代作为加勒比移民在美国所受到的种族主义歧视。更让他们感到痛苦的是，他们是普通的、无足轻重的人。麦莉是牙买加移民，来到纽约时没有受过正规教育。她的丈夫是马提尼克人，在英国海军做厨师，经常外出不在家。孤独、贫穷加上不识字，这些既没有消磨这位好母亲的责任感，也没有打消她对自己孩子们的期望。为了养育孩子们，她不得不利用她唯一的财产——自己的身体。她不得不保持好身材，让自己看起来不错。无论是酷暑还是寒冬，她都会穿上自己最好的衣服，加入到在帕克大街的黑人女性长队中，等待几个小时以期获得能够挣一点钱的渺茫机会。幸运的时候，会遇到一个美国妇女屈尊来审视着她们，然后挑选几个人成为自家的清洁工，去工作几个小时或者一个周末。然而，等待经常是徒劳的。

麦莉知道如何使自己的身体资本最大化。通过好好打理自己的身体，她看上去足够整洁，以使自己能够获得为这个城市的富有家庭做清洁工作的机会。这就是她设法获得作为女佣的工作机会，来挣取收入供养孩子们的方法。下班回家后，她会和孩子们分享她的经历。她也会拿一些她费力才能看懂的报纸回家,好让孩子们对他们所生活的世界有一些认知和了解。她的身体使她能够为孩子们提供说不上是教育却至少是一些正面的价值观和对生活的解读,以及一种理解这个世界的方式。

西奥兰看不起自己的母亲,他的母亲在读了他的第一本书后告诉他,如果她早知道他会变成今天这个样子的话,她当初就不应该把他生下来。西奥兰对母亲没有一点尊重,直到有一天,令他大为吃惊的是,母亲跟他说:"对我来说,只有巴赫……"得知母亲也会感受到只有音乐才能带来的狂喜和奇迹,这让他重新认识了母亲。与西奥兰不同,贝拉方特从来没有看不起他的母亲。也许是因为他音乐家的灵魂使他能够本能地感知每一个热爱音乐的人不可言传的隐私。即使母亲做了妓女,他依然还是会毫无保留地钦佩母亲。因为麦莉代表了这样一类黑人女性,她们对自己身体的使用光明正大。这是一个拒绝堕落和幻想的独立宣言,一个显示"清醒的绝望且危险例证"的标志。

尽管如此,我有时候会想,这样的记忆会给哈里·贝拉方特对生活的看法造成怎样的影响?这样的屈辱会给一个孩子的无辜灵魂带来怎样的伤疤?看着自己的母亲使用自己的身体——尽管不是以一种可耻的方式,但是在这个本来就是奴隶制大本营的美国,将自己的身体作为一种生存的工具,对他来说又意味着什么?麦莉自己又是怎样接受使用自己的身体作为唯一的维持生计方式的?

贝拉方特的故事将我们带回到了撒哈拉以南及以外的非洲社会对待身体的不同方式中的无尽的虚无主义。对身体的展示似乎在这几个世纪以来没有太大的改变。数百万的非洲女性继续像昨日那样生活,为她们的身体经营某种形象,对自己的身体进行适度投资,以使自己能够获得取悦、引诱或者生存的机会。对身体的管理甚至变成了一种生存的艺术和痴迷。新市场(供给和需求)随着平均寿命的增长、医疗和科技水平的进步、全球化以及虚拟交易场所的繁荣而得到了发展。在这些复杂的动态变化中,社会学家倾向于关注时下热点问题耸人听闻的一面。因此,对身体的反思也被一些伦理讨论所主导,包括人体器官的非法倒卖或生物操纵技术,以及诸如器官切除、人口贩卖、剥削儿童用于商业或军事目的等所谓的文化惯例,等等。或者,媒体对这些问题进行大肆报道往往只不过是反映了国际社会减轻其道义罪责的偶尔需要。

哈里·贝拉方特的童年记忆促使我们重新思考关于身体的哲学上的模糊性,这就涉及了每个人所具有的"自在的存在"(being-in-itself)和"自为的存在"(being-for-itself）两个概念（梅洛·庞蒂①）。随着时代和文明的发展，我们的身体总是既具有一种规范性的功能，反映了社会模式、生存战略的产生以及管控现实的方式。在撒哈拉沙漠以南非洲，身体在产生它自己以及他人的话语权方面的作用正在变得越来越重要。就像麦莉一样，很多非洲的男人和女人颠覆了传统上进行身体交易的道义和哲学理论。他们赋予自己的身体更高贵的功能，将它们改造成为自我重新占用的工具，即使是在最糟糕的情况下。他们使用他们的身体来重新确认自己的尊严，从而使它们成为对抗生存的虚无主义观点的工具。

思考的身体

每一个人类社会都多少隐藏着一些低级趣味，需要建立其社会规范，修正各种乱象，并保持对良知的愿望。举例来说，对恐怖的集体渴望会导致人们自发地聚集起来围

---

① 莫里斯·梅洛·庞蒂（Maurice Merleau-Ponty，1908—1961），法国20世纪最重要的哲学家、思想家之一。他在存在主义盛行的年代与萨特齐名，是法国存在主义的杰出代表。他最重要的哲学著作《知觉现象学》和萨特的《存在与虚无》一起被视为法国现象学运动的奠基之作。——译者注

第五章 身体用途的伦理：自尊理论

观一场街斗或是车祸，这成为生活中普遍必不可少的一部分。对低级趣味的需求常常以宁静的残忍形式表现出来。几个世纪以来的奴隶贸易就是这种情况。当时奴隶制度以及奴隶贩卖不仅是普通的商业方式，而且也是那些声称自己在道义上和哲学上都最为先进的国家社会和经济发展的基石。要相信这一点，只需要看一看18世纪美国贩卖奴隶的一些商品广告。其中的一个刊登在1768年6月23日的《纽约日报》上，在"出售黑人"的大标题下有四个黑色的人影。带着就像在市场上出售牲畜或农具的那种平静的保证，广告上说这些奴隶——其中分别是12岁和16岁的女孩——都可以干苦活儿，因此是"值得推荐的"。

1827年，即美国宣布独立后51年，奴隶制作为一种公开买卖黑人的活动，在时为奴隶贸易繁荣中心的纽约州被正式废除。这一禁令直到1865年美国内战结束后才被列入美国联邦宪法第十三修正案中。在传奇的建国功臣们（他们自己本身也是奴隶主）信誓旦旦地在《独立宣言》中宣布了他们要进行道义和政治改革的宏图大志的半个世纪之后，市场经济继续以一种平和的方式控制着黑色人种的男人、女人和儿童的身体，他们生而为人的地位受到质疑。

然而，奴隶制不仅仅是一门商业。它还关乎对于身体的争论，即人们与自己、与他人，以及与善恶之间的那种模糊不清的有时甚至相互冲突的关系。随着时代的变迁和文明的发展，身体持续刻画着生命的神圣形象，同时包含着邪恶与死亡。从希腊罗马时代的简单二元论（身体—灵魂）到受起源于达尔文主义的心理学概念启发的生物决定论，人们对于身体的认知发生了巨大的变化。如果说美国为废除奴隶制付出了巨大的代价（有60万人死于内战，林肯遇刺，以及至今仍然存在的社会矛盾），那是因为在南方诸州，黑人奴隶对于保持棉花种植园的利润是必不可少的，所以他们决不接受由北方强加的新道德。身体不仅仅被看成是原材料，作为显示一个人对其他人所具有的权力合法性的载体，它也是表达自我意识的空间。身体也因此能够产生话语权。

西方并没有一直像这样严肃地看待身体。很长一段时间内，身体只被看成是一个包含着生物机器的皮囊。哲学家们更喜欢灵魂或者精神，认为那才是思想和行动的殿堂，是生命的栖息之地。身体于是被认为是令人羞耻的东西，注定要变得丑陋、虚弱，并且随着年老而自我摧毁。无形而又不可见的人类精神被颂扬为最美好、最重要的东西。被判处死刑时，苏格拉底欣然接受，并宣称作为一位哲学家，他应该在死亡中见证那种得以使他的身体和灵魂

第五章 身体用途的伦理：自尊理论

分离的至善，并使他的灵魂得以真正地升华。

对身体的贬损也可以在柏拉图那里看到，他把身体贬低为灵魂的坟墓。在笛卡尔那里，身体不过就是器官的组合。他"我思故我在"的体验就是将生物属性从心灵属性中断然抽离出来的一种理智取向的逻辑结果。① 亚里士多德在身体—灵魂二元论问题上要更平衡一些，他曾经捍卫过二者之间不可分割的必然联系。在他看来，这种联系构成了人的完整性。"［灵魂］不是身体，但它是属于身体的一部分。"他在《论灵魂》（*Treatise on the Soul*）中这样写道。

撒哈拉沙漠以南的非洲社区当前关于身体的理论和展示倾向于拒绝将身体—灵魂或精神进行二元划分。他们假定人是多种物质成分相互渗透的总和，并且被看成是一个更宏大的社会人不可分割的一部分。因此，宇宙生理学的观点受到了追捧，在这种学说里，每一个身体都是可见的与不可见的整体的一部分。这种方法超越了身体—灵魂二元论，是将人们放在他们所属的社会中来看待。这就是为

---

① 这种观点出现在他的《方法论》（*Discourse on the Method*）一书之中。但是笛卡尔在十几年后出版的《论灵魂的激情》（*Passions of the Soul*）一书中，对身体的看法又不那么绝对了。

什么肯尼亚哲学家约翰·塞缪尔·穆毕缇①讽刺地批判了笛卡尔的"我思故我在"言论:"我在是因我们在;我们在,故我在。"因此一个人的身体只是一个链条中的一环,要想准确地把握它,就必须把这个链条看成是一个整体。仅仅关注于分析身体而忽视了它所具有的社会联系,就等同于看着错误的物体,缺乏视角,是一种外貌社会学的做法。

因此,灵魂被看成是身体中必不可少的一部分,精神亦是如此。所有的精神性和知识都是一个人所具有的实体成分。举例来说,班巴拉人会说:"一个人本身就是多元的。"就此而言,在富拉尼人和班巴尼人的传统中,他们认为人是一种复杂的接受者,"隐含着内部的多样性,是存在(在实体层面、心理层面、精神层面等)的同轴的或者重叠的位面,也是一个永恒的动态物"(阿玛多·罕帕特巴②语)。因此,人从来都不可以还原为身体本身,或者是一个单一的实体。人是一个永恒的动态物,其中身

---

① 约翰·塞缪尔·穆毕缇(John Samuel Mbiti, 1931—),神学家、作家、教师和牧师,他被称为"非洲当代神学之父"。——译者注

② 阿玛杜·汉帕特·巴(Amadou Hampâté Bâ, 1901—1991),马里作家和民族学家。1960年,他在巴马科创建了人文科学研究所。1962年,他被选为联合国教科文组织执委会成员,为解析非洲语言做出了巨大贡献。——译者注

体既是反映又是象征。

然而，关于身体的哲学并没有阻止生物决定论的出现，这些年来它被用来为差异的建构辩护。因此，在其他很多社会中，身体形态被用来证明社会分类的合理性，创造不同族群之间的等级，划分权力分享的界线，使王朝更替合法化，还使性统治与排斥正当化。这种因为身体产生的话语权也成为表达偏见的工具。肤色、眼睛、嘴或者鼻子的样子成为划分灵魂等级的方法。我们这样无外乎就是某种达尔文社会生物学的基因还原主义，认为身体不仅是个人命运而且是其社会地位的主要指示器。尼采同意这种看法吗？他将身体看成是人类状况的基本媒介，就像是一个强大的主人，其中思想仅仅是一种工具。

哈里·贝拉方特的母亲麦莉不需要读过《查拉图斯特拉如是说》才能将自己的身体当作与世界的接口，当作一个她想要定义自己与世界关系的媒介。她的身体是她表达自己的家庭责任和社会抱负的载体，是她梦想的受托者，是她展现个人形象和魅力的特有空间，也是自我的停泊地。为了摆脱奴隶制和有关记忆的屈辱，她一直小心翼翼地关照着自己的形象。

受难的身体

人的身体很多时候都是政治和经济管理与管制的工具。在绝大多数古代文明中，如美索不达米亚、印度、中国，奴隶制度是维持政治稳定和经济繁荣不可或缺的社会形态，也是分配权力和修正价值观秩序的一种方式。奴隶被用来做家务劳动、商业活动或者是在建筑和农业领域进行繁重的劳动。奴隶是希伯来人的主要劳动力来源。埃及人利用奴隶来修建皇室宫殿和法老纪念碑。在美洲的前哥伦布文明（阿兹特克人、印加人或玛雅人）时期，奴隶们主要被当作士兵。

在美国，与黑人生殖器相联系的种族主义使主人和奴隶之间的关系进一步复杂化了。用于论证黑人奴隶制度正当性的经济理性有时隐藏着对种族的和性别的指控，这至少是一种同等的动机。阉割男性奴隶，强奸女性奴隶，触碰到了社会秩序的边缘，这剥夺了黑人们仅有的自尊。奴隶的身体不仅是主人行使所有权的载体，而且也是奴隶们接受自己边缘化的社会地位、服从主人的具象化责任。

即使奴隶恢复了自由，他也不得不接受在自己的身体

第五章 身体用途的伦理：自尊理论

上刻上一个使他的前主人可以永远辨认出来的标记。以罗马为例，有一个奴隶市场，那些满怀懊悔或者是想要洗清自己罪责的奴隶主会去释放自己的奴隶。在卡斯特和帕勒克神庙附近的大广场，经过严格的审判之后，这个奴隶要在法官面前最后一次跪拜，并接受象征性的一鞭。然后他就自由了，成为一名罗马公民。尽管如此，他还是和他的前主人联系在一起，因为他的身上有主人的名字。而且，这种责任还会延续给他的子孙后代。作为他通往自由的象征性通行证，他的身体不得不受罪。

摧毁敌人的身体一直以来都是最高权力的终极目标。仅仅结束不共戴天的敌人的性命还远远不够，还要粉碎他们的身体，剥夺他们所有的尊严。举例来说，乔治斯·巴兰蒂尔[①]讲述了第二次世界大战中一队法国抵抗军对待企图逃跑的德国士兵的残忍。"根本就不需要多想，决议是完全可预测的：这三个犯有罪行并仍被看作威胁的犯人被判处死刑。志愿者们组成了一支行刑小队……每一个被判刑的人都拿到了一把铁锹，这样他就可以挖好自己的坟墓……其他人排好队来见证整个惨不忍睹的仪式……一声

---

① 乔治斯·巴兰蒂尔（Georges Balandier，1920—），法国社会学家，他曾于1951年发表了《非洲的殖民状况》一文，他将殖民统治视为种族主义行径。——译者注

令下，枪声齐响，三具尸体像关节断掉了一样瘫倒了下去，军士一枪击中一个人的头部就结束了他们的性命……两个犯人用碎石、土和树枝将他们的尸体掩埋。不允许留下任何可以使他们被找到的标记，只能留下可以抹去的痕迹。"①

出于政治目的对敌人身体的羞辱可以过分到对尸体的亵渎。法国殖民当局对喀麦隆独立运动领导人鲁本·恩姆·尼奥贝②尸体的处置就表明了这种战略。1958年9月13日，恩姆·尼奥贝在南方一座小村庄遇刺身亡后，他的尸体就成了这个国家的财产。民众被邀请来观看他，亲眼看到一个宣称自己不可战胜，甚至拥有可以让他不怕子弹的神奇魔药的人的失败。政府印有恩姆·尼奥贝的尸体和讥笑"一个错了的上帝"的小册子迅速在全国流通开来。他的尸体是从他被杀害的村庄的泥地里一直拖到了黎永（Liyong）村，那里的农民都认识他，所以被迫来指认他的尸体。殖民军的这一胜利行军彻底瓦解了他的形象，使他的尸体变得支离破碎。为了向曾经敬仰他的人民进行

---

① Georges Balandier, Conjugaisons (Paris: Fayard, 1997) 219—220.
② 鲁本·恩姆·尼奥贝（Ruben Um Nyobé, 1913—1958），喀麦隆反殖民主义领导人，曾于1948年创办了喀麦隆人民联盟政党，于1958年9月被法国殖民当局杀害。——译者注

第五章　身体用途的伦理：自尊理论

展示，他被殖民当局剥去了人性的一面，没有了皮肤，没有了头颅，没有了面部。

他的尸体被放到一所药房展览。由殖民当局支持的一个当地民兵组织的首领公开地对他进行了侮辱，一边还敲打着他的前额。他甚至要求尸体站起来和他进行决斗，这样村里的人们就可以自己看个明白，他们两个谁更强大……然后，他的尸体被投入了一大块混凝土中并埋在了地下。"［殖民］政府就是试图永久地割裂恩姆与他身处的土地的联系。根据他出生的社会的当地原则，他与他的家族和他的子孙的关系是永远存在的。总而言之，就是要通过将他置于一个他绝对不可能再成为任何人的混乱之境来消除人们关于恩姆的记忆。"① 仅仅是要了政敌的性命还不够，还要将他的尸体进行象征性的摧毁，这对于羞辱他的人格、打破他的神话，并向支持独立运动的人们展示殖民当局的实力也是必要的。

在非洲的语境下，对恩姆·尼奥贝尸体的残害在羞辱政敌的身体的原则方面标志着一个新阶段。与此相对，1914年德国殖民者将民族主义领导人鲁道夫·杜阿拉·曼格·贝尔和马丁·保罗·萨姆巴的尸体只是悬挂起

---

① Achille Mbembe, *La naissance du maquis dans le Sud-Cameroun* (Paris: Karthala, 1996) 16.

来似乎就成了一种美学行为，表达了对他们身体的隐含敬意，根本算不上是亵渎。独立之后，作为殖民大国意志的结果，阿赫杜·阿希乔①成为总统，只是因为他是一个新面孔。他将自己的政敌公开枪毙——别有用心地将民众聚集在一起观看行刑场景。秘密警察随后做出安排，谨慎地为那些名人的尸体找到了破旧的埋葬地，而将那些没有什么名气的人的尸体抛在普通的坟地里。

其他的非洲独裁者，像扎伊尔的蒙博托·塞塞·塞科②，在对待政敌的尸体方面更是丧心病狂。根据蒙博托的一个前部长多米尼克·萨空比·伊农戈所说，蒙博托信奉巫术和魔法，他通过喝受害人的鲜血来平息自己对权力的无尽渴望……像罗马皇帝卡利古拉一样，他享受和他部长们的妻子发生性关系来羞辱他的官员。在一部名叫《蒙博托的扎伊尔》的纪录片中，萨空比·伊农戈坦言，因为惧怕蒙博托的暴力，他就将自己的妻子献给了蒙博托。将

---

① 哈吉·阿赫杜·阿希乔（Ahmadou Babatoura Ahidjo，1924—1989），喀麦隆联合共和国第一任总统（1960—1982年），是非洲实行超越地区统一的少数成功事例之一的领导者：将前英属喀麦隆的南部地区与较大的法语区喀麦隆合并。——译者注

② 蒙博托·塞塞·塞科（Mobutu Sese Seko，1930—1997），前扎伊尔共和国（现刚果民主共和国）总统，1965年他通过政变上台，重建中央政府，该政府1997年在第一次刚果战争中被推翻。——译者注

自己的妻子献给统治者来调和受辱感和生存本能,这是怎样的一个婚姻之爱的虚无主义概念啊!

复兴的身体

身体并不总是一个表达对自我的恐惧和对他人的蔑视的象征性载体。它有时候也是证实最秘密的渴望和接受不可避免的事情的代理者。人们为它找到自尊的基础,或试着赋予它那种在忍受时间的劳苦或者是蒙骗死神和衰老的警钟时能起到不可或缺作用的特性,而这些只不过是身体的中介。这就是为什么从《伊利亚特》和《奥德赛》开始,全世界的文学作品都在描述和夸大身体的特定美学,这使人们可以进行自我欺骗并从心理上推迟那不可避免的结局。作家和艺术家们都会赞美传奇英雄,他们比普通人伟岸的身躯使社会的价值观和抱负具象化了,这种美学标准在不同的社会存在差异,但是所颂扬的品质(力量、勇气、荣誉感和责任感等)通常是相似的。对身体的崇拜有时候甚至有些过犹不及,特别是广告在用这一点来推销各种各样的产品时。

黑人的身体在这种复兴中也获益匪浅:它不再仅仅是

施虐和受虐、羞辱与压迫的载体。它甚至被当作一种财产，一种尊严的特质。举例来说，尼日利亚作家钦努阿·阿切贝①的小说《分崩离析》（*Things Fall Apart*）中描述了主人公摔跤冠军奥比·欧康寇的健美身体，有时还是采用一种缅怀荷马史诗中人物的尚武品质的方式。在西方，黑人的身体有时甚至代表着时下流行的异域美感观念。约瑟芬·贝克②和娜奥米·坎贝尔③就是此类时尚美的代表。同样，穆罕默德·阿里④和迈克尔·乔丹的健美身体也与那些金发碧眼的运动员们一起出现在广告中。

关于非洲的明信片和图画书现在也附有美丽的黑人身体来吸引一些喜欢异域风情的西方人。因此，他们让富拉

---

① 钦努阿·阿切贝（Chinua Achebe，1930—2013），本名阿尔伯特·奇努阿卢莫古·阿切贝（Albert Chinualumogu Achebe），尼日利亚著名小说家、诗人和评论家，被誉为"非洲现代文学之父"。——译者注

② 约瑟芬·贝克（Josephine Baker，1906—1975），出生于美国的圣路易斯，是美国黑人舞蹈家、歌唱家。曾以其性感大胆的舞蹈和柔美歌声红遍法国，也是世界上第一个"黑人超级女明星"。——译者注

③ 娜奥米·坎贝尔（Naomi Campbell），出生于英国伦敦，著名模特。她于1988年8月成为第一个登上法国《时尚》杂志封面的黑人，也是第一个登上英国《时尚》和《时代》杂志封面的黑人。——译者注

④ 穆罕默德·阿里（Mohamed Ali），出生于美国肯塔基州，著名拳击手。他是历史上首位三次夺得重量级拳王称号的拳击运动员。——译者注

尼牧羊人具有僧侣般的样子，让图阿雷格骑手穿着赭色斗篷，或者是让瘦削的马赛族勇士束着合身的红色缠腰带。这些激发游客们想象力的形象阐释了一种新的、宏大维度的黑人身体。然而，对这种身体美的赞扬不应该让我们忘记了它所表达的对黑人性欲的偏见，这仍然是偏见、恐惧以及不同种族之间等级划分的来源之一。

温婉女性的社会形象也逐步演化开来。很长时间以来，非洲理想的美是有着苗条的臀部和高耸的胸部，拥有高贵优雅的轮廓的女性。在纽约，就像在阿比让一样，人们喜欢看玛丽莲·梦露的照片，学生宿舍里张贴的都是她的画报。这种女性曲线美的成功不仅是因为国际时尚的同化力量，也说明了这样的事实，人们开始习惯于关注形式的对称美、和谐的量化标准以及某种美学的观念。然而，事情已经发生了变化。关于身体美的新观念正在得到认可。像时尚杂志的亮光封面上的模特那样又高又瘦的美女类型，现在在非洲很多地区已经不再流行了。最高规格的选美比赛会选出以前被认为相当"丑"的美女。最有名的例子就是布基纳法索选出了"最美丽的胖女人"（普比埃德拉小姐），这个选美比赛的目标就是"表彰丰满的女孩"。在这个一年一度的赛事中，肥胖的女人确实也获得了荣誉……

对于年轻和苗条身材的追求使得西方的很多女性奔向健身房,且十分关注自己的饮食。但这种做法在很多社会受到了无声的抵抗,在那里,他们穿着简洁,接受变老,安然自得。在塞内加尔看到一个衣冠楚楚的女人优雅地走过,凯瑟琳·恩迪亚耶这样写道:"肥胖、苍老的身体的下垂成为衣物之下的某种色情表现,一种缓慢而无规律移动着的、充满美感的形式,臀部上赘肉的摇晃是其步态的继续,每一步都会摇晃一下,使得步伐更加和缓。松弛的肌肤被解读为肉感,散发着柔弱无力,使得略微绷紧的肥胖有了某种魅力光环。大腹便便会产生一种富足感,同时使得安全有了具体化的形象。"① 年老既不会被看成是诅咒,也不会被当作社会无能的标志。与此相反,年老的身体是一种智慧的标志,一种阅历丰富的象征,值得人们尊敬。"'老人'不能被当作出局的人而被淘汰,也不能因为年纪大了就被看成是丑陋的,因为他们的样态恰恰就是他们生活阅历的写照。这样看来,松弛的皮肤就完全成为一种充满魅力而又令人印象深刻的标记。"②

非洲对于女性身体的认知也随着社会、经济、政治和宗教的发展而演变。能够繁衍后代的女性身体也是具有冲

---

① Catherine Ndiaye, *Gens de sable* (Paris: POL, 1984) 31.
② 同上书,第30页。

突性的，存在着矛盾的情感、危险的品位、人性的弱点，也会表达欲求和不信任。女性的身体总是"一个有着争论和认同的场所"，一个"关于社会惯例、信仰和自由意志的不同话语交汇"的地带（娜塔莉·艾托克[①]语）。女性的身体仍然是一种社会温度计，使得人们能够把握当前社会的氛围和观点。因此，女性的身体也就成为社会关注的一个焦点。女性必须忍受的特殊生理卫生状况、外貌、衣柜以及时髦的习惯都在宣扬一种追求完美身材的观念，这反映了一种更高的伦理标准。但是，当前关于美的标准已经不再是由纽约或者巴黎来定义的了，它们随着不同时代的价值观而变换着，也就是说，是根据变化着的社会而变换着。

专断的美

麦莉深深地懂得：对身体的保养和对美的崇拜也是与社会和经济需求相关联的。人们都承认很难严格地界定这

[①] 娜塔莉·艾托克（Nathalie Etoké），出生在一个巴黎的喀麦隆人家庭。在法国完成硕士学位，在美国获得法语博士学位，目前在美国教书。——译者注

种美意味着什么，因为不同的社会有不同的标准，且具有专断性的方面。关于美的标准的主观性并没有使它的意义降低。举例来说，很多使用了严格统计技术的调查研究表明，几乎在所有社会的就业市场上，漂亮、身材好都是加分项。在中国，问卷调查和计量分析报告都表明女性在化妆品和美容服务上的花费不仅改善了大众对她们的看法，而且提高了她们的薪金水平。在欧洲各个国家，社会学的研究人员得出了相似的结论。即使美国经济学会的成员对身体美的经济和社会作用持怀疑态度，当由丹尼尔·哈默梅什①做出的计量研究证明那些最有可能当选其理事的人是那些被投票者认为最英俊的人时，也相当尴尬……②那些可怜的研究者应该读一读哈里·贝拉方特的母亲的自白：美成为一种文凭，是可以提高一个人在职场上获得的成功的额外资质。

既然一个人不一定能选择自己展示给他人的身体形

---

① 丹尼尔·哈默梅什（Daniel S. Hamermesh，1943—），美丽经济学的创立者，美国得克萨斯大学奥斯汀分校经济学协会教授、荷兰马斯特里赫特大学劳动经济学教授，著有《为什么美丽的人更成功》（*Beauty Pays*），其中分析了外貌对个人成功的影响。——译者注

② 参见 Daniel S. Hamermesh, Xin Meng, Junsen Zhang, "Dress for success. Does primping pay?" *Labour Economics* 9（October 2002）361—373; Daniel S. Hamermesh, *Changing Looks and Changing "Discrimination": The Beauty of Economists*（Austin: University of Texas, 2005）。

象，那么这种状况就带来了专断和不公正的问题。它甚至造成了针对那些没有"漂亮"脸蛋或者"养眼"身材的人的新形式的歧视。在美国，越来越多的司法主体现在都禁止就业市场上基于人外貌的歧视——外貌也是对美的典范的一种隐晦的定义方式。因此，法律上规定那些智力上符合条件的人被认为足够"漂亮"来获得任何工作。法律还规定对那些对员工的身高、体重或者年龄有歧视的雇主进行惩罚。佛蒙特州最高法院的一份判决下了先例。它规定：一个女服务员没有牙齿的事实不能被雇主用来作为对她的歧视，因为这构成"残疾"，受到本州法律的保护（《公平就业法案》）……①

麦莉也非常明白，除了受市场需求决定的功利主义的功能外，身体也成为自我保值的一种工具。正因如此，人们会特别关注自己的身体保养，甚至是不停地做"面部提升"和"整形"。对身体的护理是一种社会地位确定的方式，有时甚至是从一个社会阶层进入到另一个社会阶层的通行证。这也解释了为什么像刺青、穿洞以及其他很多修饰身体的方式得到了发展。这些不再只是文化惯例或流行趋势，而且代表着一种个人宣称追求美的权利的方式。

---

① *Hodgdon v Mt. Mansfield Company*, Vermont Supreme Court, November 6, 1992.

在喀麦隆，很多普通人常常欣羡那些"脖子带褶"的人，认为脖子上的皱纹是富人荣誉的勋章，是生活富足在他们的脖颈上留下的痕迹。在刚果，人们会颂扬"啤酒肚"，一些高级官员还专门弄出大肚子，在他们看来肥胖会增加他们的风度和自信。在撒哈拉以南非洲各个地方，人们会拉直他们的头发（或者是将本身的黑卷发染成金色），并使用化妆品来淡化他们的肤色，要么是因为他们深信浅颜色的身体更具有魅力，要么就是因为演艺圈的明星们比如歌手科菲·欧勒米德这样做了。这是他们认真对待埃莉诺·罗斯福①的话的方式，她曾经说过："没有你的允许，没有人可以让你处于弱势。"

　　这种对身体的狂热崇拜在世界各地都可以看到。亚洲是世界市场上药物皮肤美白产品的主要中心。在日本，四分之一以上的个人保养品都含有皮肤美白的成分。每年这个国家花在化妆品方面的钱比布基纳法索的国家年度预算还要多……关注淡化色斑产品的北美市场也不能忽视。在中国，越来越多的中产和中产以下阶层的年轻女性都在做

---

① 安娜·埃莉诺·罗斯福（Anna Eleanor Roosevelt, 1884—1962），美国第32任总统富兰克林·德拉诺·罗斯福的妻子，提倡女权并保护穷人。第二次世界大战后她出任美国首任驻联合国大使，并主导起草了联合国的《世界人权宣言》。——译者注

"双眼皮"。让-弗朗索瓦·马泰①对此做了很好的总结："身体形象已经成为一种自我欣赏和职业方面的重要问题，人们的欲望战胜了人们对自己本来形象的沮丧。从青少年对自己的长相的担忧到两鬓斑白的成年男人对皱纹和秃顶的担心，我们不得不想到，我们的社会在以一种物质主义的视角来评判个人。"② 身体的美已经成为独裁的一种潜伏形式，越来越多的人自愿地臣服于它，或许这也是一种自我觉醒的表现。

自愿的奴隶

要考量保养身体以及它们对于展现自我的意义，我们必须超越只是为了取悦他人的简单想法，还应该思考其他的隐含动机。很多的器官捐献都是出于利他主义的考虑，那些想要帮助他人的人在活着或死去后会这样做。因此，一家人才会互相捐赠肾脏。很多无名的好心人会无偿献血来帮助他人，得益于这些献血者的慷慨，全世界的血库每

---

① 让-弗朗索瓦·马泰（Jean-François Mattéi，1941—2014），法国哲学家。——译者注

② Jean-François Mattéi, Opening speech of the 1ères Rencontres internationales "Le corps et son image," Paris, September 20, 2002.

天都会挽救成千上万人的生命。但是，人体市场的惊人发展也显露出一些人企图利用他们的身体来获取收入的倾向。这样做就不再只是一种美学上的自我保值或者是利他主义的美德问题了，而是经济上的自我保值。

有些人把这种新的贸易方式等同于新的奴隶制形式，身体不过就是一件商品，一种可以获取利润的商品。由于身体被看成是各种器官的组合，就像一件普通的商品一样，因此是否与灵魂有关就并不重要了。可以使用微观经济学的基本工具来分析国际器官交易市场的结构和运行。供给、需求、数量、短缺与剩余都可以帮助我们理解价格水平。预期寿命的增长带来了全球市场上对人体器官需求的持续增长，金融市场、互联网的发展以及医学技术的进步更是为器官交易和非法买卖提供了便利。金融专家开发出了很多评估和评价人的存在的方法，并在各种法律问题上得到运用，比如保险问题。这使得人们在道义上可以接受器官交易。

因此，关于对待身体的伦理规范也在迅速地变化：以尊重人和人体完整性的原则的名义，很多国家官方禁止器官买卖。另一方面，免费赠予人体器官或者是为了科学或药物使用来捐献器官则得到官方的许可和鼓励。然而，很明显供需之间的巨大失衡使得几乎各地都有巨大的器官短缺，这也助长了国际黑市的发展。在这些黑市上，价格是

第五章 身体用途的伦理：自尊理论

由稀缺性、潜在收益、中间商收取的佣金以及买卖双方所承担的风险评估来决定的。

因此，官方对奴隶制的废除并没有终结人体的"商品化"问题。在世界各地，关于人的贸易依然在进行着，有时是通过地下交易的方式，有时则是一种社会惯例，比如印度的种姓制度。这也因为资本主义极端观念的泛滥而恶化，它使得成为身体剥削受害者的可能性变得民主化：不可调和的市场经济惯例，资本流动的缺乏管制——每一个国家为了吸引外来投资、创造就业机会都必须这样做，这些都促成了非法交易活动的出现。一切可以刺激国内生产总值（GDP）增长的方式都得到国家的鼓励。约翰·肯尼思·加尔布雷思[①]曾经讽刺地讨论了 GDP 的计算方法，GDP 是指一国的公司创造的增加值的总和，也是衡量国民经济健康与否的主要指标。他幽默地指出，来自卖淫业的收入被包括在内，然而可以促进夫妻生活的"单纯的"性爱却没有任何市场价值，不被看成是对国民财富和 GDP 的贡献。

---

① 约翰·肯尼思·加尔布雷思（John Kenneth Galbraith，1908—2006），出生于加拿大安大略省，曾就学于多伦多大学，1934 年在加州大学伯克利分校获博士学位。美国经济学家和政府官员，新制度学派的领军人物。著有《美国资本主义：抗衡力量的概念》（1952）和《1929 年大崩盘》（1955）等书。——译者注

从受害者的角度来说，主要有以下几种态度：第一种，那些发现自己被迫卷入黑手党网络而成为身体器官走私对象的人。他们梦想着哪怕不能获得尊严的外表但也至少拥有自由的感觉。关于国际卖淫网络的调查显示，丧失自由的创伤往往会永久地在一个人的灵魂上留下伤疤。他们对羞辱的习惯化以及他们对疼痛和痛苦的高忍耐度让我们想到了萨沙·季特里①的评论："我从未真正感到自由，除非我被锁起来。当我转动钥匙的时候，我没有被关起来；我是在把他人锁在外面。"

然后是那些自愿的受害者，他们的动机各不相同：一个人不能忍受自己肥胖而去做减肥手术来提高自尊，从而更好地让社会接受或者有更好的工作机会，这与一个人为了摆脱饥荒而卖肾具有同样的伦理意义吗？布基纳法索北部的贫困农民因为贫穷而被迫卖掉他们的孩子，达喀尔、拉各斯或杜阿拉的非洲妇女移民到纽约或苏黎世从事高级卖淫活动，我们可以认为两者具有同等的道德意义吗？

这些受害者有意加入到这种新的身体交易市场，他们带着虚无主义的心理，不相信幸福，也懒得去思考形而上的东西。对他们来说，卖淫或是其他出卖身体的方式不过

---

① 萨沙·季特里（Sacha Guitry，1885—1957），20 世纪法国著名导演。——译者注

第五章 身体用途的伦理：自尊理论

是一种职业，与其他的工作一样。他们认为任何过于深入地探究职业道德或者个人存在的"品质"的调查都是对身心有害的。只有当一个人不过多地思考个人命运，不去关注自己的思想的时候，生活才是可以忍受的。为了获取些许的成功，任何职业还必须包含一定的幻想成分。因为高度清醒也意味着个人所有愿望的终结、必然的失落与一无所有。并且，身体不仅代表了一个人是什么，而且代表了一个人有什么。它是一份财产，一种生产工具，一种生存手段。至于自由，它终归不过是一种由法律、法规和社会规范包围的幻景，它实际上就是"选择一个人自己的极限的一种官能"（让-路易斯·巴劳特[①]语）。

因此，身体交易市场真正新奇的地方既不是人们因为短缺而购买器官的狂热，也不是因为贩卖者的玩世不恭，而是那些为了不死于饥饿或者因为个人贪欲而认为必须出卖器官的人生存和掌控自己人性的需要。于是，人体器官（特别是肾脏）就成为一种财产或者一种能够换成现金的存款形式。几年前，在线拍卖网站 ebay.com 不得不阻止一起人体肾脏器官的公开拍卖。这则由一个住在佛罗里达的人发出的广告冷静而又诱惑地写道："出售完好的人体

---

① 让-路易斯·巴劳特（Jean-Louis Barrault，1910—1994），20世纪法国演员、编剧。——译者注

肾脏。两个中你可以任选其一。卖家需要支付全部医疗和移植费用。很显然,只有一个肾脏出售,因为我需要另一个来生存。非诚勿扰。"在拍卖被叫停之前,这个肾脏的出价已经达到了570万美金……几个月后,拍卖婴儿的广告出现在了同一家网站上,其说辞是,使不孕不育的夫妻能尽享天伦之乐的方式"民主化"。

关于身体神圣不可侵犯的道德宣言不足以阻止出于商业目的出卖身体、租用子宫或者出售婴儿的行为。这种对身体的组织部分以及对人的整个身体的生理或者心理上的摧毁,提出了这样的问题:"一个人是否具有对自己身体器官或功能为所欲为,或者挪用另一个人身体的主观权利。"(凯瑟琳·拉布露斯·里奥①语)受害者对这种交易的许可弱化了这种出卖身体的新方式的曝光。人们一定会问,为什么全世界有数百万计的人自愿地为黑手党经济交易网络提供他们的身体隐私和器官。

奴隶制是一种由权力关系决定的、残忍地对待受害者的经济活动,我们是如何从这样一个时代走到了一个越来越多的人自愿地将他们的身体卖给出价最高的买家的世界

---

① 凯瑟琳·拉布露斯·里奥(Catherine Labrusse-Riou),巴黎第十大学的哲学教授,重要法国思想家和西方解构主义代表人物雅克·德里达的合作者和学生。——译者注

的？一种引起了美国内战并产生了西方社会新的道德标准的身体贸易，是如何成为一种行业，一种利润来源的？多个世纪以来决定着西方对于人权的思想和态度的《人身保护法》的道德遗产是如何被颠覆到如今这样一种程度，甚至被解读为人们自由买卖个人肾脏或其他身体器官的权利？

在此，麦莉的选择又一次值得我们思考：身体不仅仅是一个静态的自我意识的反映，它也是一个人实现个人抱负的工具。对身体的开发被认为是为了生存所必需的智力和道义责任。尽管随着时代的发展，身体的商业化增加了，但它仍然是话语权的强大的制造者。因为它是穷人们呼唤人类集体意识仅存部分的来源之地，它可以产生关于自我的话语，同时也有关于他人的话语。对穷人来说，身体允许他们有更大的个人抱负，来以一种更宏大、更"值得尊敬的"的方式记叙自己的人生轨迹。身体允许他们去梦想更多的可能性，去在偏见之外找到自己的位置。身体允许他们逐渐地消除那种缺乏自尊和尊严的状态。这种重新创造自我的方式显示了一种生存模式，一种心理状态，即人不再是一个先定的程序，而是一种根据特定形式的主观能动性进行自由阐述的事实。当康德看到自己哲学思想中一个最基本的假定被那些贫穷、文盲而没有任何情结的公民错误地解读时，他肯定在坟墓中无法安宁。

第六章 作为邪恶伦理的暴力

疼痛不过是最亲近的自我。

——西奥兰

一个人在选择敌人时再小心都不为过。

——奥斯卡·王尔德

那天晚上,我来到了杜阿拉港口的警察总局。既不是出于无聊的好奇心,也不是为了尝试一下恐怖,而是出于确认我的人性和愤怒的能力的需要。我想亲自见证一下那些无以名状的事情,或许有一天可以作证。因此,一种公民的本能促使我来到这里,和其他几个好奇的人一起在巨大的生锈的铁门门口等待,门口有三个昏昏欲睡而又满脸怨恨的宪兵把守着。一个小时以前有人打电话告诉我,"联合党"罪犯随时可能被释放。几天前,那五个代表一

第六章　作为邪恶伦理的暴力

小部分新兴的反对派系的领导人被逮捕,官方没有给出拘捕的理由。

这些领导人我基本上都认识:有的是原来单一执政党中很有资历的政治家,他们后来冒险公开支持尚处于雏形的政治多元化。还有的渴望成为再生的民间社会领袖,或是领导捍卫人权的组织,这些组织往往是为获得政治地位而匆忙组建。几个星期以前,他们启程前往多个西方国家,谴责喀麦隆总统保罗·比亚政权对人权的侵害,这场活动被媒体广泛报道。在巴黎,他们甚至上了一家杂志的封面,在他们的大照片上面写着:"如果比亚顽固不化,我们就踢他出局。"

关于主权国家鞭刑

因此,我焦虑地在警察总局门口等待着。终于,大门极其缓慢地打开了,带着那种会使制作恐怖片的人开心的邪恶的吱嘎声。他们一共有五个人,在看守们漠然的注视下,一个一个从他们的牢房里走出来,低着头,表情忧郁。在半暗的黄昏下,我没能都认出他们,几个人匆匆地上了他们家人的车。塞缪尔·埃博瓦是这群人里年纪最大的也是最有名的：他做过几任内阁部长，他还曾是总统的秘书长——实际上也就是国家第二重要的人物。那天晚上，他从黑暗中走出来，就像是在走钢丝，小心翼翼。

由于他的家人不知道他被释放了，没有人在警察局门口等他。带着些许犹豫，他走向我，问我是否能载他进城。当他艰难地进入我的车时，我才注意到他的状况的严重性：他几乎无法坐下。他用绷带包着的臀部在几天前挨了两百下皮鞭，伤口还没有愈合。所以城里散布的消息是真的：犯人遭受了身体折磨。

我感到非常吃惊。67岁还不算老，但在喀麦隆这个平均寿命还不到50岁的国家，这绝对是一个值得尊敬的年纪，一个身体享有不受警察局的刑罚虐待的权利的年纪。"他们打我！他们在我的屁股上抽打了两百下。"他带着愤怒，坦白地告诉我，好像在因为他上车时动作缓慢费了时间而向我道歉。对这种没有预料到的坦白感到不知所措，我一句话也说不出来，我为我的国家和我自己的无能为力而感到羞愧。由此看来，和"联合党"的其他犯人一样，塞缪尔·埃博瓦被殴打，被那些只是在执行命令的宪兵残酷地虐待。看着他，我想起了那天我在翻看电话簿时的吃惊，我发现国家信息中心——警察局的主要办公地点，也是反对党人遭受虐待的地方，只有两个电话号码：

第六章 作为邪恶伦理的暴力

一个是接线总机……一个是医务室。

塞缪尔·埃博瓦让我直接带他到杜阿拉的法国领事馆。他急切地想要向他的一个法国领事朋友展示他所受到的虐待。他十分详细地告诉了我他在警察局的遭遇，言语中表达了他的惊奇但没有愤怒。他原以为他被捕只是一种例行公事的审问。让他吃惊的是，没有任何审问，他和其他几个犯人就被关押到了一个散发着恶臭的牢房里。然后有一天，同样是什么都没问，他们就被按在地上，年轻力壮的宪兵在他们每个人的屁股上鞭打了两百下。他们被告知，这就是总统对他们要求召开主权国家大会作为国家的宪法大会的回答。在召开会议的地方，他们遭受了"主权国家鞭刑"，旨在禁止一切关于国家政治机构的合法性和代表性的政治讨论。

他在说话的时候没有看我，假装对路边行人贫穷的生活而不是我们的谈话更感兴趣。我觉得，这也许是医治这一野蛮行径留下的疮疤的最快处方。我努力隐藏我的愤怒，看着街道上向路人推销的年轻小贩，他们带着微笑，衣衫褴褛。

我开得很慢。这个城市的道路坑坑洼洼的，路灯上的灯泡也被人偷走了。我十分担心我的尊贵乘客的身体状况——我不敢让情况变得更糟，脑海中一个黑暗的想法拷问着我：两百皮鞭！怎么可以对一个 67 岁的老人做这样的事呢？即使是在一个得到国际社会关照的二流热带地区独裁国家，这种像对待奴隶一样的做法也是令人吃惊的。喀麦隆在国际上不像津巴布韦或者缅甸那样处于风口浪尖。但是，做不像话的事情也是应该有限制的。想想非洲有着这样的传统，谁敢对老人动手就会受到诅咒，甚至是要下地狱的！我想象着执行"崇高等级命令"的拷打者将一个可以做他的父亲或者祖父的人按到地上，用鞭子无情地抽打的场景。我想象着，在鞭打和羞辱之下，塞缪尔·埃博瓦一定发出了沙哑的叫声，还有拷打者的那副事不关己的平静，他一定要麻醉自己才能执行这样的任务。

暴力的伪装

那天晚上我到了一个朋友家里，他对我的愤怒表现出佛教徒般的平静。他给我拿了一大杯热啤酒，说我们应该用多个视角看问题。当然，那些一心想着推翻独裁政权的人们遭受的这种"主权国家鞭刑"绝对不是什么政治美学。但是这种事情并不令人感到惊奇：在热带地区国家，任何敢于冒险违抗独裁政权的人都清楚他们会受到怎样的

第六章 作为邪恶伦理的暴力

处置。

这种宿命论的冷静让我感到吃惊。我的朋友解释了他的想法,提醒我说,这些"联合党"成员的残酷遭遇根本无法和那些载入喀麦隆和非洲政治史册的悲剧相提并论。那倒是真的:在不远的过去,那些人会被悄无声息地处理掉。

在本该带来和平与幸福的政治独立的几十年中,被怀疑归属于反对党的人被秘密绑架,在法庭外被判罪并处决。最幸运的人会被关押在乔利雷、芒同或约科阴冷的军事营里,几年后被放出来,不是瞎了就是残疾了。尽管被称作"喀麦隆的索尔仁尼琴"的作家蒙戈·贝蒂专门撰文来控诉这些热带集中营,但是西方国家政府对此并不在意。

20世纪60年代,军队在地下反对党隐藏的村庄和社区发起了汽油弹袭击。恐怖是政治对话的唯一框架。1971年1月,一个被禁政党的主席欧内斯特·欧安迪尔在巴富萨姆被公开处决。当时,政府当局喧闹地招呼民众们都"出来看热闹"。让死刑成为一种景观的做法,他们并不是首创:对病态事物的狂热、受刑的公开上演以及恐惧的戏剧化都是法国、英国和德国殖民者最喜欢的武器,他们在这块领土统治了四分之三个世纪。

我的朋友给我们拿了更多的啤酒，并继续说：我们既不是在塞拉利昂，那里会因为政治原因砍掉孩子的双手；也不是在卢旺达，那里的妇女会被轮奸。那也是真的：虽然这个国家也犯有一些错误，但是政治斗争还没有引发大的暴力事件，像邻居和家庭成员互相用大砍刀将彼此砍成碎片，割掉彼此的胳膊或者耳朵那样恐怖的事情。简而言之，成千上万的人没有被杀害，没有血流成河引来电视媒体的报道。我的朋友建议说："放松一点，我们甚至都还没有拿到联合国的公报……"他继续平静地解释说，在这个国家想要长寿的秘诀就是理解并接受一个事实，那就是一切都是虚幻的，更重要的是不要把日常生活中的小小神秘事件理智化。是的，一些初出茅庐的政治家遭到了鞭打，但是没有理由为此大惊小怪。事实上，他们被教训一下、自尊心被虐待一下倒是好事。"如果你开始践行崇高美德的道德主义，你就是在冒着变得清醒的风险，那么你离疯掉也不远了。"

走出来的时候，我有点东倒西歪了，倒不是因为喝了啤酒和杜阿拉夜间的湿气，更多的是因为我朋友的虚无主义让我觉得悲伤。如果他是对的呢？如果是因为我在西方待了很长时间，又在索邦大学接受教育，我的灵魂已经得到了软化，将我变成了一个无意识的浪漫主义者呢？我是不是应该适应喀麦隆新式政治暴力和它相对温和的残忍度呢？

第六章 作为邪恶伦理的暴力

在另一天，我和一位不那么愤世嫉俗的同胞讨论了"主权国家鞭刑"问题。我将我在杜阿拉听到的论点一五一十地告诉她：当然，仅仅因为这些居家好男人犯了表达个人观点的错误就被攻击是没道理的，但他们的身体还是完好的，也没有被公开处决。她表情僵硬地表示出异常的愤怒：一个人怎么可以在不同形式的暴力中建立一种这种暴力比那种暴力更好的道德等级制？在她看来这种暴力形式和另一种一样严重。"还有所有那些静静地死于饥渴，或者因为缺少药物死在医院里的人们。这种政治残忍，以及这种暴力形式，不是和其他的暴力形式一样残忍吗？"

然后，她提出了关于暴力的定义问题，这依赖于每个人的主观判断。喀麦隆反对派领导者们遭受的鞭打明显是一种暴力行为。但是，针对人的心理自尊的恶意压迫也是一种隐藏的暴力形式，甚至更应该遭到谴责。这种暴力形式可能更加复杂，它的表现形式也不那么引人注目，但是它的影响可能会是毁灭性的。

权力的色情化

这次对话促使我重新思考"主权国家鞭刑"以及它的意义所在。然后我明白了，政府当局并不满足于在身体上和心理上折磨它的政敌。它选择以最残酷的方式来进行，并且想让全国的每一个人都知道。正如老子曾经说过："民不畏威，则大威至。"

因此，政府没有处心积虑地说一堆官方言论，指责"捣乱的人"犯了哪些法律和规定；也没有必要对其行为进行公正的粉饰，因为纪律只来自暴力，来自独裁者的"天然"主权。这是一个人必须遵守的唯一准则。其目标就是强迫每一个人遵从绝对正确的最高首领的权威，让所有人臣服于这种统治。他们所使用的高压技巧就是重新恢复管制系统，其中个人的言论、行为、抱负和流动受到严格的控制，这样全能总统的意愿就达到了。因此，示范性的惩罚就是必要的，甚至是必不可少的。

雅温得的施刑者所面临的问题就是惩罚技术的选择。刑事程序和描述制裁系统的历史显示了每一种处罚是怎样来表现权力的。人们可以区分四种类型的惩罚社会：驱逐罪犯（他们被迫背井离乡）；收取罚金（公正成为一种支付方式）；在罪犯身上印刻标记（受刑者的身体显示了惩罚的内容）；将犯人关起来（送进监狱）。施刑的机制本身并没有施刑的目的和每个社会惩罚"犯人"的原因重要。

塞缪尔·埃博瓦及其同志们的遭遇充分显示了喀麦隆

第六章 作为邪恶伦理的暴力

"司法"系统的运转问题。在这里,惩罚以多种形式呈现:常常混杂着监禁、实物支付(体罚)、留下记号的暴力以及羞辱(作为流放的一种象征形式)。政府并不关心他们扣留的人是否违反了法律或者是犯了被指控的罪行。这更多的是一个将政治野心以及他们不配得到的社会地位的责任归咎于他们,并对他们进行制裁以恢复当权者名誉的问题。因此,也就没有必要进行审判,对于加刑还是减刑进行辩论或争论。公正以惩罚的面孔出现,来宣布一个不容置疑的事实:总统的权力。因此,政府并不关心其行为中可量刑处理的部分,而是关注说出来的或者未承认的政治野心。他们更多的是根据反对人士的意图而不是其行为或者宣言来评判,是根据其愿望及行为实质而不是其违法事实来评判。政府试图消灭"危险因素"。这种"公正"并不是在违反社会秩序,而是一种制造一成不变的事实的系统。

所有的政治权力都是建立在这样一种具有赌博性质的假设之上:那就是,那些被统治的人会接受政治统治,出于无知或是信念,自愿或者被迫。保罗·瓦莱里①将政权存续的机会与金融机构做了对比。金融机构的存续基于这

---

① 保罗·瓦莱里(Paul Valéry, 1871——1945),法国诗人、散文家。——译者注

样的事实，即所有客户不可能都在同一天来办理业务，取出他们所有的积蓄。喀麦隆政府非常清楚社会政治平衡的政治理论，以及在不稳定的环境中的动态把控。为了减少造反的可能性，强化其政权的神秘性，并避免各种质疑的风险，政府不能容忍集体认知中出现任何细小的分歧。为了惩罚那些没有任何政治权力的公民所犯下的臭名昭著的"欺君之罪"，就需要有一种象征性的、有力的报复形式。惩罚必须足够引人注目，超乎人们的想象力，使之永远铭记在心。惩罚一定要足以恢复总统的名誉和总统不可战胜的传奇，使"社会契约"重新生效，并为未来的记忆打下基础。

有什么比残酷地对待反对派领袖能更好地促使公民接受已有的社会秩序并随之调整自己的行为呢？惩罚需要是肉体层面的，需要让犯人的身体受罪。但是惩罚还需要看起来是对造反者的公正惩罚。那些造反者可能没有想到自己行为的严重性，违抗了政府，冒着身体被裸露示众的风险。报复也得是对称的：即使这意味着从事一种政治解剖，产生一种权力的色情化，当局仍然认为"主权国家鞭刑"是必不可少的。

第六章 作为邪恶伦理的暴力

悲剧的审美泛化

毫无疑问，施加在喀麦隆政治领导人身上的惩罚是羞辱性的、残酷的。尽管如此，我不得不承认，从非洲某些人物的恐怖程度来说，还有更加糟糕的。以利比里亚为例，内战的胜利者慢慢地将政敌变成了一种几乎是受虐狂般的情况。事情发生在 1990 年 9 月。当时，约翰逊王子起义推翻了他的前好友、独裁者塞缪尔·多伊的军事政权。当多伊企图逃往国外时，他在利比里亚首都蒙罗维亚被逮捕了。这个打败多伊的人当时居然将多伊被处刑的画面录制了下来，还分发了下去，至今这个录像带还像畅销唱片一样在首都的音像店里出售。

录像中的约翰逊王子坐在前排，看得津津有味，丝毫不质疑其伦理和美学意义，享受着对罪犯做一切他想做的事情的权力。他大汗淋漓，时不时喝口啤酒，打个嗝，旁边还有个女人为他扇扇子，就像一个中场休息的拳击冠军。录像中还有一个行刑者，他的体格与其工作性质十分相称——丑得像是讽刺漫画中的人物。他严阵以待，就像是一个准备飞向太空的宇航员那样专注。为了展现他的专业性，他一丝不苟地检查着各种工具——鞭子、匕首、手枪和其他各种各样的刑具。

约翰逊王子对着塞缪尔·多伊颐指气使，质问他到底有多少银行账户。反复几次之后，意识到他的犯人不会告诉他，他愤怒了，命令士兵把这位前总统的耳朵一个一个地剁下来。多伊痛苦地喊叫着，倒在自己的血泊中，慢慢死去。录像机从容不迫地进行着拍摄，又因为采用了黑白胶片，画质很差，使得施刑的场面显得更加不真实。看着录像展现出的非人道，很难不去想到柏拉图。因为此次事件中的暴力带来的多重侵害非常引人注目：侵犯敌人身体的完整性，从而使其非人化，同时也违反了非暴力的任何社会公约；变态的性冲动，杀人者约翰逊显然是比任何人都享受这个场景，身边还有可能是其众多性伴侣中一个的女人给他扇着扇子——虐待他人使他有机会主宰他人，显示他的至高无上；亵渎一切被认为是神圣的东西，即使是在这样的情境下。

接下来的年头里，利比里亚经历了很长一段时间的政治动荡，直到进行大选，选出了非洲历史上第一位女总统。约翰逊在尼日利亚被流放十三年后，低调地回到了利比里亚，通过民主选举被选为了参议员。在被问到是否对杀害了政敌感到些许的懊悔时，他回答说他问心无愧：

第六章 作为邪恶伦理的暴力

"我并不感到懊悔,因为我十七岁的时候上帝就给了我启示,我对多伊的处罚是依据摩西律法的,以眼还眼,以牙还牙①……况且,有什么能够证明我杀害了他?在录像的最后他死了吗?"他对昔日同胞的冷酷无情,使他的表情愈发平静。法国日报《解放报》报道了利比里亚一个人权人士的如下评论:"约翰逊王子是这个国家的一个孩子。宁巴郡[约翰逊的家乡,距离几内亚只有几公里远]一直遭到塞缪尔·多伊的残酷镇压。约翰逊王子让宁巴郡的人重回自由,就是这样。只有像你和我这样的知识分子才会这样想。看看查尔斯·泰勒[利比里亚的另一任前总统,被判处战争罪和反人类罪]:他杀的人比谁都多,但他依然很受人们拥戴。"说到底,他就是一个政治艺术的唯美主义者。

在邻国塞拉利昂,对肉体惩罚的依赖已经到了政治虐待的程度。福戴·桑科,一个居家好男人,同样也是革命联合阵线的领导者,把将他的权力印刻在受害者身体上看成一种荣誉。仅仅满足于将罪犯杀死实在是太无聊、太普通了。他的士兵们抽签来决定哪个他们在路上遇到的平民(各个年龄阶段的男人、女人和孩子)要被砍刀砍掉他们

---

① 这句英文谚语多次在《圣经》中出现。——译者注

的四肢。这些做法同样在世界各地都不新奇：希腊历史学家希罗多德记述道，在基督纪元之前的几个世纪，斯基泰士兵将敌人的头颅砍下，用他们的头皮做手巾。但是今天的福戴·桑科想要超越希腊人。对他来说，战争首先是关于习俗和象征的斗争，肢解受害人的身体是一种高尚的美学提升形式。他为之骄傲的不是在其起义运动死亡的15万人，而是塞拉利昂有大约4 000名独臂公民。

一种更加马基雅维利主义的政治暴力的美学形式就是强奸。人权组织特别强调这种暴力形式给受害者带来的不可消除的伤害——尤其是当受害者是孩子的时候。性虐待现在成了非洲各种冲突中进行心理迫害的标配。强奸用于敌人身上，这不仅是一种心理上的绝对胜利，而且"污辱"、"贬低"和羞辱这个人种才是最难得的，因为她们负责这个种族的繁衍。在1992年至1995年的内战中，对波斯尼亚、克罗地亚和塞尔维亚女性的强奸使这种"装饰"了战争的悲剧形式流行开来。在非洲社会，女人珍贵的身体一直被看成是一种道德避难所和审美参考点，因此也成为喝醉的士兵们聊以慰藉的工具，表达战胜者的绝对权力和主导地位的载体。他们病态地以强奸敌人的妻子为乐趣。他们认为，通过玷污敌人所珍视的东西，他们就从心理层面上永久地赢得了战争。1994年的卢旺达大屠杀就是如此。这也是民主刚果的情况，从 1997 年起，该国的各个武装派系为了争夺矿产资源而争斗不休。他们将对感官和美丽的主观想象投射到一种病态的美学认知之上：在他们看来，战争的胜利不仅在于男人们在战场上的争斗，而且在于获得性主导和基本生理欲求的满足。

弱者的力量：一种邪恶伦理

让我们再来看一下约翰逊王子，这个在利比里亚砍人耳朵的人。他对自己残忍行径的解释并不复杂。人们很容易想象，他带着淘气的笑，说他只是在执行上帝的旨意，因为上帝在他十七岁的时候示意给他。但是他不能和天主教修女贝尔纳黛特·苏毕胡相提并论，圣母玛利亚曾在她少女时代降临。约翰逊对自己的行为进行的神秘解释不过是因为他自己清楚，将他的行为置于宇宙层面才说得通。然而，他并不想被看成是一个简单的空想家。当他找到在他看来更加实际和有力的说法的时候，他就很少将这一天启论点挂在嘴边了。他率直地问："况且，有什么能够证明我杀害了他［塞缪尔·多伊］？在录像的最后他死了吗？"换句话说，有什么证据说他就是凶手？毕竟，仅靠主要证据——显示士兵们而不是他实施了残忍行为的录像就可以归罪于他吗？约翰逊王子只是暴力背后的指使者，而真正的凶手是那些拿着武器施刑的人。

这是毫无说服力的诡辩？没有关系。他的论点是虚无主义的暴力原则的一部分，经常从那些认为有罪和无罪的观念是主观的或至少是一个硬币的两面的人那里听到。对他们来说，存在不过就是一种奔向虚无的疯狂冲刺，在他们看来，在达尔文主义的适者生存原理下，对生命承担责任是愚蠢的。

福戴·桑科这个在塞拉利昂砍人胳膊的人，在被捕时也说过同样的话。他对自己被捕感到震惊并谦虚地指出，起义运动的最初宣言是《通向民主》（*Footpaths to Democracy*），它的口号是："再也没有奴隶，再也没有主人，权力和财富属于人民。"在任何情况下，他和他的战士们都别无选择：如果他们不震慑民众，使他们的敌人中立化，那么遭受迫害和死亡的就是他们了。

约翰逊和桑科都不把自己当作英雄，因为在他们的语境中，任何勇敢的行为都是幼稚的。控制着人们日常生活的贫穷和专断统治充分证明了，存在不过就是一种毫无目的的躁动，那些不选择自杀的人就要强迫自己接受活着的风险。因此，人不应该自我欺骗：所有的行为都是在虚无

第六章 作为邪恶伦理的暴力

和非现实的背景之中发生。人从根本上说就是一个注定要灭亡的肉体。一个人能够按照个人意愿使用身体暂时满足一些权力幻想的事实不会对基本的日常生活带来任何改变。而西方那些自称是人权主义者的人的短暂的愤怒爆发也不会改变这种状况。

对这两个暴君来说,过度使用暴力手段来建立与他人之间的残忍和非人道关系是人类本身的一个鲜明特点。世上的生命都不可避免地是对自我和对他人的抗争,暴力就是弱者想要获得生存所必需的武器。肉体折磨和残杀是保持社会运转所必不可少的保护机制。暴力作为一种使冲突双方恢复平衡的方法是不可或缺的,实际上,也是对构成存在的基本结构和背景噪声的邪恶赋予伦理维度的一种方式。

由西非丛林里两个文盲军阀造成的悲剧历史包含了两种关于暴力的观点:一种是柏拉图的观点,他将实施暴力的人看成是独裁专制的人,为了证明自己的优越性,他们以控制他人为乐,虐待他人、残酷无情;另一种是弗洛伊德的观点,他认为暴力是人性的弱点,是神经症的一种症状。当然,将暴力还原成一种自然行为等同于免除了所有的人类责任,因此也就为那些诉诸暴力的人的罪行提前做好了辩护。但这恰恰就是非洲很多军阀的论辩。在他们看来，勒内·吉拉尔①等人的论断幼稚得令他们发笑：人之所以为人，不是因为他受到了欲望的驱使去运用暴力，而恰恰相反，是因为他拒绝使用暴力，并努力创造其他社会互动机制。

曼德拉的道德困境

在一个那些对于生活什么也不相信且什么也不期待的人们寄托于暴力的世界里，一个人该如何使自己从暴力中解脱出来？当人们都甘心忍受独裁的时候，一个人该如何免受独裁的控制？当集体认知似乎已经将暴力看成是普通事情和生活常态的时候，一个人又为什么选择使自己与他人区别开来？在他的回忆录里，纳尔逊·曼德拉②委婉地

---

① 勒内·吉拉尔（René Girard，1923—），当代法国著名哲学家、人类学家、文学批评家。——译者注

② 纳尔逊·罗利赫拉赫拉·曼德拉（Nelson Rolihlahla Mandela，1918—2013），南非民族团结新政府首任总统。出生于南非特兰斯凯，先后获南非大学文学学士和威特沃特斯兰德大学律师资格。曾任非国大青年联盟全国书记、主席。于1994—1999年间任南非总统，是首位黑人总统，被尊称为南非国父。1997年12月，曼德拉辞去非国大主席一职，并表示不再参加1999年6月的总统竞选。曼德拉在40年来获得了超过一百个奖项，其中最显著的便是1993年的诺贝尔和平奖。他曾两次访问北京大学。——译者注

第六章 作为邪恶伦理的暴力

承认,当他决定劝说南非非洲人国民大会(ANC,一个民族主义运动组织)的积极分子朋友们来创办一个武装分支组织的时候,他并没有问自己这些问题。在种族隔离制度下过着地下生活,这位南非领导人看清楚了权力关系的极大不对称,他的组织主张非暴力的方法,而残暴的白人政府却将种族主义写入宪法。他看到那些胆敢恳求些许尊严的孩子、妇女和黑人工人被屠杀,沮丧不已。面对无数的受害者遭受到国家暴力的迫害,以及种族隔离制度给他的同胞的灵魂带来的毁灭性的影响,曼德拉总结道,自1912年非国大党成立以来所提倡的非暴力思想实在是幼稚至极。南非白人政府当局对人们最合理要求的傲慢使他确信了一件事:面对着一个变态的政权,人们必须得改变斗争的方式。

"赤手空拳如何能对付野兽的袭击!"在组织领导人的秘密会议中,曼德拉常常用科萨语说这句话,来强调在这样的形势下非暴力斗争方式的无效性。他进一步解释说,暴力已经是既成事实,最好对暴力进行有助于非国大党的崇高目标的转化,而不是继续采取半消极的立场,这样只会导致更多无辜的人的死亡。对此,他的同志回答说:"不是非暴力使我们失败,而是我们使非暴力失败了。"曼德拉成功地说服他的朋友们抛弃了这条神圣不可侵犯的原则——半个世纪以来,非暴力一直处于其政治战略的核心地位。他甚至还提议建立并领导一个有武装的分支组织。"我,一个从来没有当过兵,从来没有打过仗,从来没有对敌人开过枪的人,被赋予了创办军队的使命,"他写道,"对一个老将军来说这是一个令人生畏的任务,但是对于军事新手来说,这个任务就没那么可怕了。"① 他冷静地开始着手创办一支名为"民族之矛"的军队,训练会使用炸药的专家,并选择军事目标。谁能够想到一个现在体现着和平与包容、对苦难人类的良知,主张与所有敌人进行和解的政治唯美主义者,也曾经是一个暴力伦理的理论家呢?

曼德拉选择这样做也有过犹豫和迟疑。毕竟,他是循着甘地的脚步,而正是在南非经历了创伤之后,甘地的非暴力哲学才得以形成。选择采取暴力行动的决定不仅是承认失败,承认没有能力使他人信服和转变,承认不可能取得马丁·路德·金所说的双重胜利——战胜自己的恶魔,也战胜敌人的恶魔,这同时也是他的良知的严重倒退,一种道德挫败。因为他不得不面对两种矛盾:要么以和平主义理论中的非抵抗的名义继续拒绝使用暴力,拒绝使其道

---

① Nelson Mandela, *Long Walk to Freedom* (Boston, New York, Toronto, London: Little, Brown and Company, 1994) 239.

第六章 作为邪恶伦理的暴力

德要求蒙尘；要么诉诸暴力以使暴力终结，使其人民免于死亡。最后，他得出结论，第二个矛盾优于第一个矛盾，为了废除种族主义隔离制度，有必要诉诸爆炸事件。这就像是拿起武器对抗纳粹，是"一种神圣的、绝对的、无可争议的责任"。

在喀麦隆臭名昭著的"主权国家鞭刑"事件之后，一些人也站出来发声，谴责那些躲在错误的道德要求背后，并建议采取非暴力抵抗形式的人的"虚伪的幼稚"，而是应该拒绝消极地接受一个已经陷入疯狂的国家的残忍行径。我记得有一天晚上看到新贝尔区（杜阿拉）一个工薪阶层社区墙上的涂鸦，上面写着："安泽·冲奎（国家内务部长）明天早上六点就要死了。"理由：为了消除更大的暴力，有必要使用一定程度的暴力。杀死暴君对他们来说似乎是极大的道义行为，是社会的道德资本利得。这种哲学意义上的选择得到一种观念的支持，那就是，即使是非暴力的抵抗形式，可能还是无效的，也隐藏着内在的暴力因素，这降低了其道德权威。毫无疑问，弗拉基米尔·扬科列维奇[①]会赞成这种方法，因为他为诉诸暴力所造成的道德困境进行了辩护："说我们正在违背自己的原

[①] 弗拉基米尔·扬科列维奇（Vladimir Jankélévitch，1903—1985），法国哲学家和音乐学家。——译者注

则是没用的,我们并没有违背原则。我们正在尽力而为,在我们的世界,列夫·托尔斯泰那种要通过爱和宽恕来感化敌人的乌托邦世界,简直就像愚蠢的羔羊的乱叫,毫无用处。"①

类似的将暴力道德化的观点也可以在武装游击队的支持者那里看到,他们的血腥行为在非洲历史上留下了浓墨重彩的一笔。来自卢旺达和乌干达的起义军推翻了扎伊尔的独裁者蒙博托,重新建立了刚果民主共和国,也有着同样的逻辑思路:武装暴力似乎是减少无辜生命被害的一种方式。卢旺达爱国军的领导者们推翻了对1994年卢旺达种族大屠杀负有责任的法西斯政权,也解释说他们的暴力是必要的、必不可少的,也是符合道义的。而碰巧的是,当年那些制造了大屠杀的胡图人本身也是为旧仇宿怨所俘虏。在由图西人主导、比利时殖民者支持的封建政权对胡图人实行半奴隶制统治的时期,胡图人曾受尽苦难,他们以此来为自己的屠杀行为辩护。这样一来,我们发现我们《必定暴力》(借用马里作家亚姆博·奥乌洛贵姆②小说的

---

① Vladimir Jankélévitch, *Penser la mort?* (Paris:Liana Levi, 1994) 125—126.

② 亚姆博·奥乌洛贵姆(Yambo Ouologuem, 1940—),马里作家,其著作《必定暴力》获得法国文学界最高奖项之一的荷诺多奖(Prix Renaudot)。——译者注

第六章 作为邪恶伦理的暴力

标题）。这正是心理学决定论的核心。

在这种逻辑中，一定要避免罪恶者和受害者的行为之间的道德混淆，这会导致对责任的稀释和对罪恶的谅解。然而，引人注目的是，双方都会声称对方负有责任，控诉对方的恶魔行为，而且强烈坚持为自己的暴力和邪恶行为贴上道义的标签。每个阵营都用过去的事件为自己不光彩的行为辩护，国家的政治历史上缺少正义，一方所持有的道德债权和债务总是与另一方有关。研究了关于卢旺达种族大屠杀的资料后，哲学家法比安·艾伯斯·布拉嘎被这些资料的差异性所震惊，"其中既有令人质疑的价值观，也有过度道歉或悲痛交加，还有问心有愧或自我辩解，然而，最终也是最为突出的仍是胜利者及其盟友的千篇一律的官方说法"，他为此感到挫败。然而，他指出，无论是什么情况总有一个事实核心，一个真相，即使它"被双方阵营领导者的顽固不化或模棱两可的沉默所侵扰和折磨，它也总会抵制简化和否认或者是恶意的颠倒黑白"。即使是这样，我们也必须要能够同意它，接近它，带着必要的批判性距离和平静来辨认它，并以最好的方式来使用它。

非洲的历史表明，以历史恩怨为基础或者甚至是出于践行正义的愿望对暴力合法性进行辩护的方式，却往往遭遇到实践中的可悲事实：他们很快就失去了道德光环，并深陷到他们声称要修正的邪恶之中。胜利进入金沙萨以追剿蒙博托专制政权的残余势力的武装起义军迅速沦为了权力的贪恋者，自己成为被反对的对象，而这支反起义队伍在道义上与他们有着同样病态的野心。就像头脑发热的黑豹党分子，他们用解放美国黑人的天真高贵的理想换来了一个武装的革命社会主义的建立，结果却为联邦调查局不择手段的约翰·埃德加·胡佛局长提供了实践其对那些不被收买的积极分子的谋杀政策的政治道义。西蒙娜·韦伊①说过："武力不是一个可以自动创造正义的机器。它是一个不加选择且不偏不倚地产生正义或者非正义结果的盲目机制。"她是对的。

虚无主义与私人暴力

在华盛顿的一天晚上，在一个年轻的非裔美国歌手瓦伊纳的演唱会上，我听到她这样介绍她的一首歌，她说她住在马里兰州的乔治王子郡，根据官方的数据，这里既是

---

① 西蒙娜·韦伊（Simone Weil, 1909—1943），犹太人，神秘主义者、宗教思想家和社会活动家，她深刻地影响了战后的欧洲思潮。——译者注

美国黑人社区中购买力最强的地区，也是每年家庭暴力事件最多的地区。这种相矛盾的情况让她想写一首歌，在歌里，她想象着所有那些住在大房子里的美丽黑人女性，每天开着豪车四处闲逛，到了晚上却在她们漂亮的别墅里忍受着自己丈夫的身体惩罚。

真是有趣。即便是这样，启发了这首令人悲伤的歌曲的数据的有效性还需要检验。因为生活在乔治王子郡的有各种各样的族群和社会阶层，也包括一大批相当贫困的非裔美国人。为了不轻易地接受瓦伊纳印象主义的评论，需要进行一个小型的调查来确认遭受虐待的女性所在的社会阶层及确切位置。而且，很有可能美国其他郡、市、社区的家庭暴力事件比乔治王子郡还要多一些，但只是出于各种原因受害者没有报警而已。很难想象美国一些大城市（华盛顿、芝加哥、洛杉矶、纽约的布朗克斯）中有名的贫民区这些充斥着有组织犯罪和各种违法活动的地方，会比马里兰州一个郡的家庭暴力要少。

但那又有什么关系？让我们假设瓦伊纳的数据是真实可信的：那就意味着非裔美国人的购买力和他们的婚姻行为之间没有必然的联系。这样我们就不得不好奇，这种控制着黑人社区中家庭成员关系的"私人"暴力的来源是什么。

首先，需要注意的是，并不是只在非洲人中存在着这种现象，生活在墨西哥城、都灵、喀布尔或者雅加达的女性同样处境危险。在一些社会中，家庭法针对女性、儿童或者在种姓制度中属于较低等级的人的各种各样的私人暴力形式都有相关的法律规定，这也是危险情况的一部分。在所有的社会中，社会契约都是建立在强制力之上。因此，对小规模暴力的接受——例如公共暴力，不管有没有得到个人的同意，都在以各种名义进行着。这样，社会共存原则以及那些未成文但由集体记忆证实的社会规范就被拿出来为暴力辩护。

　　在黑人世界中释放私人暴力的机制常常具有反映和夸大社会历史视角的鲜明特征，其中涉及社会各个群体之间的关系。于是，日常生活也常常被受压迫的记忆所主导。很明显，在奴隶制和殖民统治的几个世纪里，对黑人人权的否认对黑人造成的影响远远超过了我们的想象。自我憎恨的内化仍然以缺乏自尊、自责以及对自身以及与其相似者不变的怀疑等方式表现出来，尤其是对女性。不论年龄和教育程度，这种痛苦经历继续对非洲大陆上成千上万的男人们的灵魂进行着折磨。其主要的表现就是对家庭权力关系、两性关系和代际关系的曲解，以及将所受过的侮辱

第六章 作为邪恶伦理的暴力

和压迫永久化的受害者心理。①

美国哲学家科内尔·韦斯特将非裔美国人社区中特别是夫妻之间的高比例的暴力事件归结于一直存在的"白人优越性"观念,昔日的受害者接受并使这种有害的观念固化了。他特别强调了黑人们的"自我黑鬼化"(self-niggerization)问题,这常常导致他们蔑视和贬损自己,并对他人施加暴力。这也可以从针对"黑鬼"这个词汇进行的话语争论中看出来,这个词引发了非裔美国领导人之间激烈的辩论。女诗人玛雅·安吉罗②和演员比尔·科斯比③将其看成是缺乏自尊的表现,以及一种渗透到黑人思想并引发黑人之间暴力事件的毒药。韦斯特认为,人们不应该过于在乎词汇的意义。首先,非裔美国人之间互相称呼彼此"黑鬼"(nigga,比"nigger"好听且亲切的词)实际上是一种自我确认和表达友善的方式,一种表示命运

---

① 这种心理潜伏现象与经济学家们研究问题时遇到的谜团类似,比如失业的原因。他们观察到,一个问题在使其产生的因素消失后往往还会存在很长的时间。这种消极的记忆被称作"迟滞现象"(hysteresis)。

② 玛雅·安吉罗(Maya Angelou,1928—2014),美国作家、诗人和人权活动家。她发表过七部自传、三本论文集和一些诗集,获得过多种奖项和50多个荣誉学位。——译者注

③ 比尔·科斯比(Bill Cosby,1937—),美国演员。出生于费城的一个工人区,获得过哲学博士学位并积极参与黑人社团的活动。后一直从事喜剧表演事业,曾连续六次获得艾美奖。——译者注

共和与亲近关系的词汇，是一种爱称。因此，人们必须要超越简单的象征主义，对他们来说采取的行动比使用的语言更重要。"我认识一些非裔美国人，他们从来不使用黑鬼（nigger）这个词，但是他们同样严重缺乏自尊。"证据是什么？马丁·路德·金或者是马尔科姆·艾克斯①曾经无数次使用过这个比较忌讳的词，但是没有人觉得吃惊，也没有人怀疑过他们要为受压迫的黑人同胞作斗争的决心。

私人暴力不能仅仅用历史因素来解释。它也与事实有关：在面对物质短缺的时候，遵守道德准则并不是一件容易的事情。物质贫乏很快成为黑人的集体痛苦。面对怀疑主义，伦理准则就失去了感召力。那些遭遇最悲惨的人就陷入了一种自我麻醉的状态，这对他们来说是将诉诸暴力合法化了。

让我们回到瓦伊纳的问题上来，这与我们的讨论十分相关：为什么已经摆脱了物质贫乏的男人还是改不了其好斗的本能呢？也许是因为那些已经取得了社会成功的人依然担心失败，就像处于社会底层的人的恐惧心理一样。他

---

① 马尔科姆·艾克斯（Malcolm X，1925—1965），原名马尔科姆·利托（Malcolm Little），非洲裔穆斯林人权活动家，美国北部的黑人领袖，与南部的马丁·路德·金并称为20世纪中期美国历史上最著名的两位黑人领导人。——译者注

第六章 作为邪恶伦理的暴力

们不相信自己的成功可以永久化，认为自己的成功还具有很多的不确定性。因此，成功对他们来说则是更大的折磨和痛苦，因为重新陷入贫穷的风险始终是存在的。出于恐惧和怀疑，他们的所作所为就像那些挣扎在贫困边缘的人一样。不论是对社区中和他们一样的人还是对自己的妻子，使用暴力就是他们无助感的一种表现。这也是他们证明自己的权威和避免重陷贫困的一种方式。就像是一些软毒品，可以使他们进入一种失去意识和不真实的状态，使他们挨过一天又一天。这是虚无主义的一种微妙形式，从而使他们从败落的幻象中逃脱。在这里，它也是一种邪恶伦理。

结语　驯服死亡的虚无主义

我是谁？我甚至都不知道自己死亡的时间。

——豪尔赫·路易斯·博尔赫斯

在去世前用一天作忏悔吧，就是这一天。

——希伯来谚语

父亲去世的消息使我陷入一种无望悲痛的感觉之中，在随后的数年里，我再也没有真正恢复过来。这不仅仅是因为围绕着这一痛苦事件的惨境，也因为在随后的每日、每月和每年对我心灵造成的有关生存的痛苦教训。时光如梭，但伤口却原封未动，默默无言地敞开着。

那是一个只存在于杜阿拉的日子，悲伤、美丽和蔚蓝色天空。一个典型的9月的杜阿拉的日子，摇曳不定的灯光，愁眉苦脸的天空，令人窒息的湿度，适合葬礼的太阳。我的堂兄利奥打来的一个奇怪的电话刺穿了我的神经，将我扔到一个我从未知晓的精神宇宙的某一地方。他那种在与我通话时的习惯性欢乐和嘲弄的口吻变成了简短的话语："罗伯特爸爸遭遇了一场车祸，已经被送到了医院。"利奥是一个表达非常清晰的人，但此时却有些支支吾吾。没有提供更多的信息告诉我究竟发生了什么事，我也不知道父亲身在何处。他只是告诉我待在办公室，他会尝试着得到更多消息。

然后他来接我，开车转了很长时间。对于我的有关这一事故发生在哪里、有多严重、我父亲被送去的医院的名称等问题，他的回答含糊其辞。他将我带到艾玛爸爸家，他是利奥的兄长，也是我父亲最好的朋友。艾玛爸爸并不知道利奥还未告知我那最为痛苦的消息，他用那种生硬的直率对我说：

"罗伯特爸爸在一次车祸中离开了我们，就这样。"

"我以为他只是出了车祸……"

"利奥没有告诉你他当时就去世了？抱歉，你现在是一个男人了。你必须照顾这个家。我们会安排葬礼。"

我对接下来的谈话没有什么印象了，也不记得后来去了什么地方。我的心陷入了各种各样的感情，从惊讶到暴怒。我的父亲还只有60岁，正在为未来的60年做准备。

除了我们两人之间的感情外，我们还成功地建立了一种共谋的关系，那是我最为珍惜的财富。当时我正要开始作为一个年轻的行政官员的事业，他为了我的事业奉献了自己的全部积蓄，并倾注了自己的感情，而正当我盼望着能告诉他并向他证明，他的神圣呼唤没有白费的那一瞬间，命运却以最为残暴的方式将我和他分开了。

我记得我也是以同样的痛苦心情面对多年前我那正值盛年的母亲的离世，她是在16岁的时候生下了我。那时，不公平待遇也是直接击中了我，使我在尚未进入少年时代就体会到了心碎，将我毫无准备地投入到一个充满挫折和责任的狂暴世界。我艰难地听着艾玛爸爸的建议，尝试着控制自己针对这种生存专断性的怨恨，保持着无动于衷的表情，以及我父亲可能希望的我在困境中所表现出来的骄傲态度。在那里，他待着的地方，他肯定带着一种关切的微笑在看着我，不知道我是否能够通过这一事关体面的考验——他以这种考验作为衡量一个男人的标准。

情感构造学

由巨大打击刺激产生的肾上腺素以及对于证明我可以直面这一悲剧的迫切需要帮助我总算安然地度过了与处理

父亲去世的事务相关的官方和家族程序：去雅温得总医院停尸房的折磨，就像是有人专门安排的去地狱的接待室；在我父亲曾经工作过的财政部里的卡夫卡式办公室中各种行政程序的苦恼；出席家族聚会的各位成员争相地表达他们的深切同情，每个叫不上名字的堂兄弟姐妹和远房姑妈极力地表达他们对葬礼筹办的看法，我不得不面对每个人说话的声音都比别人大的严酷考验。

还有我的朋友和守护天使理查德的斯多葛哲学，他总是不断地提醒我爱比克泰德①手册前面的话："有些事在我们的掌握之中，有些事我们无能为力。"对于死亡这一悲惨事件和其他人的行为我无能为力。我如何看待这一事件以及我的判断和行动则在我掌握之中。

然而，我们中并没有很多人会试图在这种场合保持着一点点良好行为和优雅举止。一般而言，死亡的通知往往引起歇斯底里的尖叫、悲伤的痛哭甚至中风性的痉挛。这些反应中，对死亡的担心远远超过认为我父亲去世是不公平的这种感觉。我可以比较肯定地说，我最喜欢的姑妈玛

---

① 爱比克泰德（Epictetus，约55—约135），古罗马著名的斯多葛学派哲学家。爱比克泰德本身没有著作，他的学生阿利安记录了他的许多谈话，并整理为《爱比克泰德谈话录》（*Arrian's Discourses of Epictetus*），以及从中辑选的《手册》（*Handbook*），爱氏思想由此得以保存并流传于世。——译者注

丽妈妈,她也是我父亲最亲近的姊妹,像我一样感受到了突然的悲剧带来的撕裂般的伤痛,那种无形的残忍暴力带来的痛哭是没有声音的,那种使人喉咙燃烧令人心碎的哭泣让人说不出话来。另一方面,我似乎可以觉察到一位叔叔或堂兄弟的鳄鱼的眼泪则是完全不同的另一回事:或者他们做作的情感是与此种场景相适应的一般构造学的一部分(在显示一个人的悲伤时表情夸张一些是合适的);或者他们表达的是有理由的苦恼,首先归结于这位慷慨的长者已经离世的事实,以前他们每当经济上有困难或家里有问题时总是来找他解决;或者最后,他们在无法理解的无名事物面前表达自己的担忧,对死亡的害怕是一种无法解释的形而上的经历,对此我们既无经验的参照,也无可信的再现体制。

现场观看是最痛苦的时刻,这种场景我从那时开始就一直下意识地尝试着从我的记忆中清除。在雅温得医院的停尸房,我不得不面对我父亲腐烂的面容并相信这一事实。这一场景突然来到我面前,我在一间满是灰尘的黑暗的四方小屋里,我父亲现在直挺挺地躺在一张锈迹斑斑的旧铁床上。这一变得不可辨认的僵硬轮廓的影像,还有在这令人窒息的气味中我姊妹们的眼泪和呜咽声,我一动都不能动,深深陷入了这些场景必将永远成为我生活一部分

结语　驯服死亡的虚无主义

的苦恼当中。一股或许是从遥远的童年袭来的恐惧带给我猛烈的震动：可能是经历我自己身体的分解或看到我自己意识的崩溃，以及无能为力地看着我自己被淹没的感觉？

在这一特殊的时刻之前，那个悲伤的消息还没有完全渗入到我的脑海。像雅克·马多勒①那样，我告诫我自己："我知道我将死去，但我不相信。"因为几乎不存在那种没有拒绝死亡的原始错觉的生存。死亡对于我而言，是不断推迟的人为和神秘的最后一天。这是有关我不知道的人们，或者是我的邻居和大家族的远房亲戚的一件事。在一间烟雾弥漫、光线暗淡的喀麦隆停尸房里，它突然呈现出一种具有威胁性的、不可操纵的现实。它以一种无法改变的方式不仅夺走了我的父亲，还带走了我指望继续天真地生活所需的整个形而上的希望。

正是在这一时刻我开始意识到某种严重的事情正在发生。所有我原来打算与我父亲交谈的内容以及本来会不断推迟的那些事情突然涌上心头，使我心里一直存在的那种负疚感更为强烈。无数的回忆和计划出现在我的记忆表面，有如不可能的梦想突然出现。于是，我经历了"那种

---

① 雅克·马多勒（Jacques Madaule，1898—1993），法国天主教知识分子、作家和政治人物，1973年曾获法国国家文学大奖。——译者注

难以置信的轻率死亡"，西奥兰在谈到他的一位好友的盖棺时这样说道："恶劣的天气，丑陋的布景，让死亡和生命变得比其原本更无足轻重和可笑。那条地铁从附近穿过，那座可怕的大桥横在路面上，那些工厂的烟囱，然后是这座大厅里摆放的棺材，以及工匠们带着复仇之魂钉下棺材盖的匆忙……那是一个人必须去治疗所有那些由于费心劳神而导致的痛苦的地方。没有任何悲伤或担忧能够存活于这样一种场景。"①

不。从那里出来以后，我并没有从我内心存在的担忧中解脱出来——而是恰恰相反。哀悼和鼓励来自各个方面，包括我多年未见的那些幻影。一位以品位不高而出名的同事在女儿去世后用普鲁塔克②的观点来安慰妻子："为什么要哭呢？你在没有孩子时并未感觉到痛苦，现在你又没有孩子了，你的情况又是一样了。"除了我一生都有一位父亲这一事实外，这一妙语的实质是安慰，但并未考虑到感情的力量和合理性，以及与逝者的亲密关系，更

---

① Émile Cioran, *Cahiers, 1957—1972* (Paris: Gallimard, 1997) 560.

② 普鲁塔克（Plutarch，约46—120），罗马帝国时代的希腊历史学家、作家，以《比较列传》（又称《希腊罗马名人传》或《希腊罗马英豪列传》）一书闻名后世。他的作品在文艺复兴时期大受欢迎，蒙田对他推崇备至，莎士比亚不少剧作都取材于他的记载。——译者注

结语 驯服死亡的虚无主义

不要提到爱——这一普鲁塔克显然不知道的"诅咒语"。

我周围的人都在努力减轻我的悲痛。例如，我的外婆玛黛妈妈是巴纳人的太后，她告诉我：我的父亲只是去了无所不在的彼岸，根据我们的习俗，那是一个我们的先人会继续与我们说话交流的地方。因此，归根结底，这只是一条我们每个人终有一天会被召唤踏上的漫长旅程。我的一位姊妹非常虔诚地说：上帝只会将那些需要的人召唤去另一个世界，那个世界距离我们既遥远又接近。我们所害怕的我们父亲的"永恒的离开"事实上是一种新的存在。由于语言表述的多样性，死亡于是不再是一种危险的、通往虚无的敞口，而是成为指向"另一种"生活的窗口。

我听到那些年老的贤哲们在我身边不断重复：死亡是人世生活的一部分，我们都应该接受。这些话使我更想知道：那么为什么大家要哭？为什么那些老妇人要在地上悲痛不已地翻滚？为什么他们自己不接受某人的离开只是开始了一个漫长的旅行？我的一位叔叔告诉我，你必须体谅大家。首先，一起哭泣这一点会帮助减轻那种我自己深切感受到的悲痛；哭泣也是由来已久的表达感情的一种仪式，一种告别的象征，以及宣告一个人离开了生者世界的离别创伤的一种。眼泪是终结的标志。

因为死亡仅仅是生存过程的一个片断，所以就被动地接受死亡，这种观点提出了一个有关处理不确定性的问题。为了我们每个人，生与死是一个闭环的某些组成部分，其中对于确切日期的不确定性允许人们抱有希望。它向我们提供了一定的行动余地，去表达我们的情绪以及虚无主义的爆发，去准备和改进我们留给后人的遗产和形象。"因此，我们有关死亡的想法是可以接受的，仅仅是因为它还暗含着关于死亡确切日期的绝对不确定性。"生存因此浸淫着死亡的香气，但是以这样一种方式，即每个公民都有可能为自己的尘世之旅赋予一种意义，即便只是暂时的。那些不停想着自己死亡问题的人，可能在决定他们生存的优先顺序上得以成功，但这并不能帮助他们死亡。因此，不要去过分担忧死亡是比较有益的。

当然，他们越试图安慰我，我就越意识到我的父亲是我自己及本身的一部分。他的意外离世突然使我感觉到他的身体就是我自己身体的延伸。他身上沉重的家族和社会责任使他艰辛的生活比我的更加正当。这位不可或缺的人物的离世对我而言突然变成了一种必要的哲学经历：从某种方式来说，它也意味着我的死亡，因为它抹去了潜意识里在我与虚无之间的生物障碍。它使他人的死亡少了一些个人色彩。

我突然意识到，预期寿命的概念是有其意义的：在跨过了某道门槛之后，就必然只剩下确定的一些岁月可以生存了。这一心算过程表达了我作为一个成年男子对生存过程的沉思。这是我们与动物的不同：我们能够过一种生活，同时以一种超然态度从外部角度来观察这一生活。因此，就我悲伤的根源而言，这里不仅有因为我父亲离世而产生的空虚痛感，同时还有两种现实之间的震撼：在生活的同时又被安排将离开这一世界的确定性，与从一种不同角度来观察事物以从容不迫地推测一个人生存过程的可能性，且不受生命时间的限制。死亡对我来说不再是一种社会的抽象，而是第一人称的创伤——这是我自己死亡的开始。这一不可更改的时刻从此再也未离开过我。

葬礼的社会语法

安排葬礼引发了一些摩擦。没有人不知趣地提议将我父亲葬在公墓。首先，这些将尸体集中埋葬的地方在喀麦隆西部并不存在。其次，由于他在村子里的辈分和作为显要人物的光环，我父亲最后安息的地方要与他的堂兄、巴纳族国王紧密协作挑选。大家在这一点上达成了一致，"传统"应该得到尊重，他应被有尊严地葬在他自己所建造的离皇宫不远的家族房屋后面。

我与玛黛妈妈和国王一起商量了下葬和葬礼的操作细节。我们首先一丝不苟地研究了传统的八日为一周的农历，每天都与秘密会社碰头和举办特别传统仪式的日子相对应。合适的日子确定了下来。然后国王将我要办的相关手续和要买的东西的清单给了我：一只要在仪式上作祭祀牺牲的白鸡，送两三只山羊给村子里在我父亲的成长过程中起过重要作用的重要人物，给这位名人或那位奶奶的威士忌（即使是在喀麦隆西部的山村里，人们也非常喜爱英格兰酒以至于这也成了"传统"的一部分）……

家族的所有成员开始时似乎都同意这些决定，并设法使我相信将葬礼办得有效且有尊严是他们共同的首要目标。事实上，他们中的一些人并不想在举办葬礼的地点或日期上争论，而是等待着时机在组织葬礼、葬礼仪式等细节上释放他们的自我主义和热情。当我一回到杜阿拉，我的房子里就涌进了大家族的成员——兄弟姐妹、叔伯姑妈以及邻居，还有一些动机不纯的人，他们都宣称与我父亲有亲近关系。这使得他们友好地给我建议，以指导我有关葬礼安排的各种细节。他们展示了令人惊讶的创造性，坚决地告诉我需要办理的一长串手续的清单，从而使我父亲的葬礼能配得上他的名声。这一清单不仅包括一般的花费，比如支付停尸房保存遗体的费用，购买与死者社会地位相称的棺材和花圈，还包括在报纸和电台的公告活动以告知公众这一大事件的临近。

他们还要我要有足够的预算来组织一场大聚餐以招待来自全国各地的数百位贵宾，并为他们支付旅馆费（因为村里没有足够多的合适住处来安排他们），并需要为此次葬礼准备专门的服装。他们几乎不加掩饰的目的是利用这一将我们大家聚在一起的悲惨事件，使家族的荣誉得以光耀，并改变家族所有成员在社会政治方面的地位。这种态度中还有一种虚无主义的值得羡慕的形式：一场隆重的葬礼是一种蔑视死亡的优雅，一种对屈服于恐惧的拒绝，一种对悲剧的轻蔑。

只有一个问题：所有这些好人明显都指望我这个年轻的银行经理来为他们这些出色而奢侈的主意埋单。我的对话者运气不佳：我没有心情被这些利用与我父亲死后的亲近关系的人打动，这些人不过是想说服我为他们那种伟大的幻想埋单。此外，我与父亲的关系很亲密，可以清晰地记得他生前对他们每个人的感情。因此，我也不顾礼貌用语，将自己的意见用确切的言语表达出来。我向他们提出，作为家里的长子，我将尽可能地以自己的方式独立地操办这场葬礼。

令人惊讶！我怎么胆敢反对那些比我年长的人做出的决定？我是否完全失去理智了？我当时还不到30岁，既没有结婚也不是家长，我有什么理由如此傲慢？……有关我不像话的消息像班图人的秘密那样传得非常快，简直比光速还快。我的一位姑妈是喀麦隆最有名的女法官，她立即组织了一个家族危机委员会，企图使我恢复理智。"你在巴黎待的时间太长了！"他们告诉我。"你对我们的传统一无所知！你已经没有一丁点儿巴米累克人的样子了！白人的学校（即教育）将你逼疯了！……你竟然想违犯传统和禁忌。你已经变得过于西化，你在冒着激怒祖先的风险……"在他们对我的这些威胁言论里，那些类似"禁忌"、"诅咒"、"渎神"、"叛逆"等词语不断出现。我们陷入了一种神秘学之中。我继续平静地回答："我可能疯了，但我喜欢这种疯狂，我也没有与你们相似的愿望。"他们吃惊地注视着我，然后嘴里咒骂着，抬眼望向了天空。

朋友理查德不得不在我姑妈与我之间扮演调停者的角色，以防止出现这一有可能成为头条新闻的家族丑闻。这位工程师出身的企业家努力地迎合我身上的经济学家的因素，建议我应该赞同家里的要求，尽管这些要求很荒唐。他告诉我，本质上，我应该将它们视为财富再分配的社会象征系统，因为葬礼是一个展现慷慨大方的机会，可以为村里最大数量的穷人提供食物，他们因为物质上贫穷而每天都不能吃饱。他同时建议我按照成本收益分析的简单基础解决问题，接受我的叔伯姑妈及兄妹姐妹们的要求：通过满足他们的请求，包括最欠考虑的请求，在某种意义上说，我是在购买自己的清静并给自己无价的内心平静。

然后，理查德用一句话为我总结了巴米累克人的宇宙进化论的基本哲学："死亡是他们活着的理由。"因为所有人的身体都具有同样的命运，不论他们所属的社会等级和他们埋葬的地方如何，因为每个人以同样的方式来到这个世界，也以同样的方式将自己的遗体留在了同一片土地，死亡为人们的基本哲学选择提供了一种启示：生活在对自己家庭的爱之中，知道正是这种生存的短暂赋予了它滋味和意义；与他人和平相处从而当死亡降临时可以轻松地离开人世；或是离群索居，与社会没有情感的牵绊，也与社会偶发事故绝缘，这样其死亡亦与其生存一样，不会引发任何动静，因为其生活就是一种永恒的死亡。面临这样一种选择，我的叔伯姑妈们做出了虚无主义的选择：将生命看成是一场愉快的间歇，其终结应该像焰火那样得到庆祝，写下永恒的一笔。于是就有了这样的社会活动，比如组织宏大的葬礼，以及平静地决定哪怕负债和变穷也要为一个拒绝平庸的生命进行最后的装点。这样的理由说服我听从了家里的要求，而不需要欺骗我自己。

欢快的葬礼

这是一个悲伤而庄严的葬礼。这里有天主教神父和牧师，但最重要的是有管理村庄的秘密会社的要人，我的父亲也是其中一员并深感自豪。基督教的祷告与异教的歌声相间。这种情况并非出自所谓的普世宗教愿望，而仅仅是因为没有人觉得有必要调和不同事情。这种矛盾的哲学共存如此自然，没有人会觉得这种行事方式有什么不和谐。从没有明说的虚无主义而言，死亡既是可以想象的，也是可以忍受的。在那一时刻，它确实只是一个词汇的存在。

在神父和牧师的祷告和布道中，他们给这个家族以鼓励，平铺直叙地描绘了我们刚刚经历的这一痛苦事件。他们将我父亲的去世说成是他生命的一个新阶段，一种新生，一个合理的未来。结果，我们当晚生活的那一刻成了一种过去与未来间的空隙。他们劝诫我们要好好地利用它，这样一旦时间到来，我们中的每一位均可踏上去往天堂的旅途。至于那些代表村里秘密会社的要人而言，他们平静地表达了相反的观点。在他们看来，在生存与死亡之间并不存在一种已有的等级制度，两者之间也没有直接的过程联系。这两种状态在我们每一个人身上同时存在：因为人性在本质上是多元的，没有身体与灵魂的二分法，每一个人同时经历死亡与生存。由于葬礼的目的并不在于恢复对已故父亲的记忆——也没有这样做的必要——而是对有关死亡的想法表示轻视，因此他们成功地阻止了我们的眼泪和伤痛所表达的悲剧。为了否定天启式的宗教过于简化的对称性：不应将死亡看成是与出生相反的生存过程，它不过是未来颠倒过来的新的生活。出生、生活和死亡只是可以同时看到的单一现实的三个方面。

葬礼的庄严性可与数小时后带有庆祝性质的接待活动相匹配。我的外婆要我拿一小点棕榈油、盐和食物给她，用来进行严肃的仪式以陪伴我已故的父亲进入神灵世界。村里的女人每人都拿着大碗的食物以及棕榈酒和其他本地饮料。我的那些在杜阿拉和雅温得的朋友们都来了，他们也带来了成箱的啤酒、红酒甚至香槟。数百人涌进我家的住宅，表达他们的哀悼，分享一杯饮料，友好地谈论着任何事情。

这场大规模的谈话的背景是一种在室外由疯狂乐手演奏的传统音乐。巴拉风——非洲木琴、小的讯息鼓和各种管乐器都用来制造喧闹的节奏以创造一种气氛，有时与奢侈之风相连，这肯定会使作为斯多葛派享乐主义者的父亲感到高兴。在这种似乎是针对我的内心世界以及彼岸世界的庄严音乐面前，我记起了西奥兰的断言：器官给死亡以它并非自然享有的地位。在这里，应当是死亡给音乐以风格。

深夜，当村子里几乎所有的村民涌进了我家院子，赞扬我父亲的名声，齐声歌唱，舞动全身，以要上阵杀敌的热情喝酒时，这场几近游戏的葬礼达到了出神入化的地步。在我周围，各种年龄的人狂热地唱歌跳舞。瓦姆贝·奇韦瓦叔叔是祖父的继任者，因此也是族长，他自己处于这场活动的中心。从他的衣着和举止丝毫看不出他是一位有着巴黎索邦大学学位的权威数学家。他穿着长大的带着编织珠子的束腰外衣，还戴着一顶有麻雀羽毛装饰的华丽头饰，以始终如一的劲头猛敲着一面不用怎么摆弄就能奏出悲哀调子的鼓。在他旁边的叔伯和堂兄弟们看上去也似乎是在另一个世界，他们敲着手鼓和巴拉风。

家族所有成员被要求围成一个圈，在院子中央步调一致地跳着舞。我自己也在我那位著名的法官姑妈旁边，在我当初因为认为这只是一种浪费而拒绝为这些仪式花钱时，正是这位姑妈感到如此震惊。她一边疯狂地跳着舞，一边用她那锐利的眼神不时扫着我,以检查我为这项活动投入了多大热情。然后,她靠近我,用带有巴黎口音的法语对我说:"你曾对我们不屑一顾,你现在是否意识到这一仪式对整个村庄有多么重要?"然后,她指着族长瓦姆贝·奇韦瓦:"看看他。他有一个索邦大学的数学博士学位。然而,他却正是那个敲着圣鼓的人!而你呢,你以为你比我们强。你嘲笑我们的传统,而你还没开始为博士论文答辩!"我的眼睛转向族长:我的姑妈是对的,因为他在第七天堂。他似乎离那里很远,可能是在最高层。他似乎是在直视前方却没有在看任何东西,像一个空想家那样敲着那面圣鼓。我想知道原来那些跟他一起学习过拓扑结构和微分几何的同僚们对这一场景会作何感想。

在这场不可避免的死亡集体招魂活动中,老人们最为活跃也最为积极。他们时而半睁着眼,有节奏地拍着手,用他们那嘶哑和几乎破裂的声音叫喊着。那些我以为早已衰竭的身体并未表现出生命的疲惫。这一看似快乐的临时爆发却是另一种形式的虚无主义。在别的地方,年老是可以忍耐的,像是要表达"变老的不可逆性是生存的基本苦难"(扬科列维奇语),而在村子里的那个晚上,我从我的祖父母们身上的超然看到了另一种情况:对生活的折磨和不可避免的终结的傲慢蔑视,对屈从于平均寿命所强加的生物节律的拒绝。舞蹈不仅仅是消除身体痛苦和排遣内心悲哀的方式，它还包括转变生命节律和对延长生命的时间概念的反映。这有助于重新发明自然熵——这一直是人类的天职，重塑我们赖以生存的经济。因为随着时间的推移，必然会改变生活方式和关系的假设：一位带着自信跳舞的老人会使他周围并不比他年轻的人变得更有活力，从而改变感情动力。归根结底，我父亲的葬礼揭示了生命较长片段的可能性——简言之，一种形而上的活力复原。看着那群人，我想起了巴尔扎克："死亡如此确定，让我们忘记它吧。"

当我父亲的堂兄、巴纳人国王开口简单说了一句话后，歌声与舞蹈顷刻便停止了。他说：我的父亲已经度过了"对整个社区有益的充实而完整的一生"，从而起到了他在我们集体生活场景中的作用。出于这一原因，国王明确禁止任何人"哀悼他的去世"。他坚称我们应该平静地接受这一观点，即这只是出发去追随祖先的旅程，我们这些活着的人还没有权利这样做："重要的悖论是我们必须接受这一关于死者有权活着的观点。我们都与死亡有着不言而喻的契约正是我们生存的条件。"当时我明白了死亡是置于我们身上的形而上辩证法。通过让如我所知的生命终止，死亡使其成为可能。死亡既是它的最终障碍，也是

结语 驯服死亡的虚无主义

它不可或缺的开发者。

因此，面对死亡时的焦虑被集体的清醒需求抹去了。我们不再处于那种平常的基本错觉之中，即弗拉基米尔·扬科列维奇所说的"必要的欺骗"，这种错觉总是相信死亡适用于其他的人，邻居、街上的路人，但不适用于自己。彼岸世界是与有形世界相邻的无形世界，正如我们每天的生存一样宁静而合理。死亡应该作为一种我们可以轻松对待的事物被接受，它只是我们尘世之旅的一个普通阶段。进一步而言，每个人都应将它的影响最小化，从而使生命活得更充实。以这样一种虚无主义的观点来看待死亡，结果，我终于将父亲的离开看成是"漫步在命运的苍穹"（扬科列维奇语）。

尽管已经过了许多年，可我至今仍在思考这件事。有时我在怀疑，他生命中的敏锐意识是否与他的死亡即他身体的消失同步结束了。有时在紧张的记忆中，我认为我再次听到了他的声音，他那嘲弄的笑声以及他有关生活的教训，我倾向于认为他的精神显然在他身体消亡后仍然存在，正是在那里他以一种大彻大悟的神态看着我。他的去世是否激励我更充分地做好准备？是否使我对自己生命的那种可笑、短暂的特点有所警悟——正如村里年老的贤哲们在葬礼时的那些虚无主义的辩辞所言？我不太确定。他的去世带来的那种有如地震般的破坏，他的姊妹玛丽妈妈眼泪的真实性，以及他永恒的缺席所造成空虚的深度，确实迫使我对自己生活中优先顺序的选择有所修改。然而，我思考得越多，我越觉得我只是学会了掌控自己的痛苦。时间已经过去，但悲伤依然长留我心。悲痛已在我身体里凝固，并在我心头萦绕。就此而言，可能正是这种悲痛让我脚下的每一步变得有意义。